코로나
경제 전쟁

세계 석학들이 내다본

코로나
경제 전쟁

바이러스가 바꿔놓을 뉴노멀 경제학

리처드 볼드윈, 베아트리스 베더 디 마우로 엮음 매경출판 편역

매일경제신문사

한국어판 서문

우리는 현대 경제가 겪어본 적 없는 미증유의 방역·경제 위기 속에 있다. 팬데믹으로 인해 인간이 겪어야 할 대가를 추적하는 우리 역시 공급과 수요 양면에서 위축을 경험하고 있다.

단기간에 벌어진 상황이기 때문에 우리의 대응도 그만큼 빨라야 한다. 그리고 '필요한 모든 조치'를 해야 한다. 미온적이고 소극적인 대응은 단순히 효과적이지 못한 것을 넘어 오히려 혼란을 조장한다. 또한 문제를 제대로 파악하고 적절히 행동하기 위한 정책 결정권자들의 자신감에까지 손상을 준다는 것을 우리는 이미 배워 알고 있다. 무엇보다 빠른 조치가 필요한 이유는, 대응이 조금이라도 지연될 경우 사람들이 삶 속에서 대가를 치러야 할 수도 있기 때문이다.

이 책의 각 챕터들은 매우 주목할 만하다. 전 세계 다양한 경제학자 그룹은 통찰적 리더십과 창의적 아이디어를 제공하며 우리가 지금 어떤 상황인지, 무엇을 할 수 있고 또 해야 하는지에 대한 명확한 분석을 공유하고 있다. 이 책이 아주 짧은 기간 안에 만들어졌다는 건 이들이 이번 위기를 얼마나 심각하게 받아들이고 있는지 보여준다. 그러나 이를 극복하기 위한 국제 협력, 아이디어 공유 및 연대 가능성 역시 엿볼 수 있다.

한국의 코로나19 경험을 다룬 글에서는 빠른 조치에 따른 과제와 정책이 적절하게 실행됐을 경우의 잠재력을 목격할 수 있다. 한국은 이번 위기에 대한 초기 정책 대응, 특히 대규모 진단과 접촉 경로 추적을 채택·시행했다는 점에서 찬사를 받았다. 하지만 대구와 경북의 대규모 확진자 발생은 정책 대응의 결과 역시 시민 행동에 좌우된다는 사실을 보여주기도 했다.

전 세계에서도 매일 새로운 경제 정책이 만들어지고 있다. 번거로운 관료주의적 지연 없이 기업과 취약 계층을 빠르게 지원해야 하는 과제를 안고 있는 것은 비단 한국만이 아니다. 세계 경제의 무역 상호의존성은 누구도 이 문제에서 벗어날 수 없으며 우리 모두가 힘을 합쳐 위기의 경제적 영향을 최소화하는 데 필요한 '모든 조치'를 취해야 한다는 것을 의미한다. 우리는 이 책과 'http://voxeu.org'를 통해 지속적으로 제공하는 정보가 이런 노력에 이바지하기를 희망한다. 끝으로 이 같은 노력의 산물을 한국의 매경출판이 신속하게 번역·출간하는 것에 대해 깊은 감사와 경의를 표하고자 한다.

2020년 3월 27일

리처드 볼드윈
베아트리스 베더 디 마우로

코로나19, 국제질서 어떻게 바꾸나

리처드 볼드윈

제네바대 국제경제학대학원, CEPR

정인교: 먼저, 세계화에 대한 질문을 하고자 한다. 코로나19 위기가 언제 해소될지 모르지만, 지금까지 세계가 추구해 온 세계화에 대한 심각한 도전으로 보인다. 이것이 역세계화(Deglobalization) 상황까지 이어질 수 있을까?

볼드윈: 어느 쪽이든 가능하지만 나는 낙관론자다. 먼저 거시적으로 보면, 세계 대부분의 사람들이 동시에 같은 일을 겪는 매우 희귀한 사건 중 하나지만 이는 결코 '세계대전'이 아니다. 모두 협력할 필요가 있는 사안이란 점을 강조하고 싶다. 각국 국민들이 '인류가 다함께 극복해야 할 과제'임을 깨닫고, 세계화를 포함한 협력을 촉진시키는 기제가 될 것으로 본다. 구체적으로 마스크, 호흡기, 진단키트 및 백신과 같은 의료용 제품과 의료기기의 거래는 많은 국가가 위기를 처리하는 데 도움이 될 것이다. 더 구체적으로 말하면, 코로나19 때

2020년 3월 27일 진행, 정인교 인하대 교수와 리처드 볼드윈 제네바대 국제경제학대학원 교수의 이메일 인터뷰

문에 미국 제조업은 질병과 대응책에 의해 지장을 받게 되겠지만, 이는 중국과 동아시아 제조업 분야가 정상화되면서 결국 같은 방향으로 움직일 것이다. 요컨대 미국은 아시아, 특히 중국으로부터 핵심 의료용품을 수입해야 한다. 이러한 상황은 세계화의 종식이 아닌, 세계화의 연장이 될 것으로 생각하고 희망한다. 물론 각국은 이제 국내에서 필수 의료기기를 생산·유지하는 데 더욱 주의를 기울여야 할 것이다. 이것 역시 세계화의 끝은 아니다.

정인교: 국내 문제 해결에도 힘이 부치는 상황에서 미국은 중국과 갈등을 만들려고 하지 않을 듯한데, 어떻게 생각하는가?

볼드윈: 미·중 충돌은 트럼프 대통령의 충돌이다. 그는 중국뿐만 아니라 미국의 모든 주요 무역 파트너에 대해 일방적인 관세를 부과했다. 미국 기업인과 대부분의 정치인들은 '반무역' 또는 '반중국'이 아니다. 미·중 갈등이나 다자 무역체제를 무시하는 발언은 실제로 무역이 어떻게 작동하는지에 대해 트럼프 대통령이 틀린 정보를 듣고 있다는 방증이다. 앞서 언급했듯 미국은 코로나19 위기를 극복하기 위해 중국 제조업 능력이 필요하며, 이는 트럼프 대통령의 보호주의 본능을 완화시킬 수 있을 것으로 생각한다. 미국의 대중국 무역이 과거와 같이 폭발적으로 증가하지 않을 것이라는 데 동의한다. 현재의 미국 대통령은 본능에 따라 행동하고 자주 분개하며 충동적인 사람이다.

정인교: 언젠가 바이러스는 극복될 것이고, 그 이후 코로나19가 트럼프 행정부의 대중국 정책에 어떤 영향을 미치게 될까?

볼드윈: 트럼프는 대통령으로서 사실(Facts)을 부인하고, 감염병의 현실에 직

면할 의지도 없다. 트럼프가 재선될 경우 코로나19와 미국 산업의 준비 부족을 명분으로 리쇼어링(미국으로의 회귀)과 같은 자국 내 공급망 확대 정책을 더욱 강화할 것이다. 그가 재선되지 않는다면 차기 대통령은 트럼프 대통령이 다자 무역체제에 입혔던 손실을 만회하고자 노력할 것이다. 미국은 중국식 자본주의에 내재된 더 깊은 문제를 지속적으로 제기하겠지만, 1980년대에 대화와 단계별 조치로 일본과의 통상갈등을 해결했던 것처럼 다른 방안을 모색할 수 있을 것이다.

정인교: 2008년 글로벌 금융위기 때와 달리 이번 코로나19 위기에는 G7(G20) 정상들의 영향이 두드러지지 않는다. 각국이 생존차원에서 각개전투를 하고 있다. 미국의 리더십 문제일까 아니면 코로나19의 특수성 때문일까?

볼드윈: 세계는 미국이 추구해온 꾸준하고 장기적이며 명백한 이해관계에 따라 미국에 의존하게 되었다. 트럼프 행정부의 대외통상정책은 이러한 기존 미국식 정책과 반대의 길을 추구하고 있으므로 다른 국가들은 미국이 없는 공간을 채워야 한다. 역설적이게도 중국은 이제 그렇게 하기에 좋은 위치에 있는 것 같다.

정인교: 코로나19는 국제무역을 위축시킬 것이므로 WTO를 더 초라하게 만들 수 있다. 트럼프가 재선되면 WTO 정책은 어떻게 될까?

볼드윈: 모든 문제는 트럼프 대통령의 생각에 달려 있다고 해도 과언이 아니다. 물론 다른 국가에서도 다양한 측면의 문제가 있지만 대화와 타협으로 해결할 수 없는 것은 없다. 따라서 궁극적으로 이 문제 역시 트럼프 대통령의 재선

여부에 달려 있다. 그가 재선되면 세계의 다른 지역은 미국의 지도력 없이, 아마도 '포괄적이며 점진적인 환태평양동반자협정(CPTPP)'과 같이 미국과 무관하게 새로운 무역체제를 추진해야 한다고 생각한다(환태평양동반자협정TPP은 오바마 대통령 시절 미국이 주도하여 서명한 아시아태평양지역 12개 국가 간 무역협정인데, 트럼프 대통령 취임 직후 탈퇴했다. 이에 일본이 주도하여 '포괄적이며 점진적인 환태평양동반자협정CPTPP'으로 되살려냈다).

정인교: 그동안 많은 기업들이 생산단가 인상과 미·중 갈등으로 탈중국했다. 탈중국한 다국적 기업에 코로나19가 어떤 영향을 미칠까?

볼드윈: "계란을 한 바구니에 넣지 말라"는 오래된 격언이 있다. 위험을 다양화하는 것은 인류의 지혜다. 2011년 태국과 일본의 공급 충격에서 배운 것은 '기업들은 위험에 대비한 공급체계 다양성에 비용을 지불해야 한다'는 것이다. 국내에서 모든 것을 조달하는 것은 결코 해결책이 아니며, 국제적인 공급원을 다양화해야 한다. 따라서 중국에만 의존하지 말고 중국 외 적어도 하나 혹은 두 개 국가에도 별도의 공급망을 구축해야 한다.

정인교: 현재 팬데믹 공포가 세계를 지배하고 있어 각국이 일단 국경부터 폐쇄하고 있지만, 사태가 호전되면 상당 부분 이전 상황으로 복귀할 수도 있다. 어떻게 생각하나?

볼드윈: 전망하기 어렵다. 반이민은 반무역과 경제적으로 매우 다르다. 그러나 전반적으로 많은 젊은 노동자들을 필요로 하는 고령화 국가가 많기 때문에 궁극적으로 그 경향은 더 많은 이민을 허용하는 방향으로 흘러갈 것이라 생각

한다. 다만 단기적으로는 상대국이 제한하기 때문에 자국도 여행을 제한할 가능성이 크다. 그러나 황열병과 같은 질병에 어떻게 대처했는지에 대해 알아야 한다. 예방접종 증명서가 있으면 황열병 발병국 여행에 문제가 없다. 앞으로 코로나19에서도 이러한 상황이 적용될 수 있을 것이다.

정인교: 현 상황에서 G2 갈등을 어떻게 전망하나? 악화될까, 개선될까?

볼드윈: 그것은 모두 11월 미 대선 결과에 달려 있다고 할 수 있다. 트럼프가 재선되면 상황이 더 나빠질 것 같다. 그의 본능은 미·중 갈등으로 향할 것이고, 재선이 되면 대중국 압박에 대해 국민들로부터 위임을 받은 것으로 느낄 것이다. 만약 그가 재선에 실패하면, 철강 등에 부과된 관세와 비관세장벽을 제거하기 위한 다자간 무역협상을 하게 될 것이다.

정인교: 트럼프 대통령이 WTO 탈퇴를 몇 차례 언급했고, 상소기구 작동 중단으로 WTO 기능이 이미 약화됐다. 만약 미국이 WTO를 탈퇴한다면 WTO가 존립할 수 있을까? WTO가 붕괴한다면 대안은 무엇인가?

볼드윈: 실제로 미국이 탈퇴하면 WTO가 문을 닫게 되는 위기가 될 수도 있을 것이다. 한편 유럽(EU), 일본, 중국 등이 WTO를 구출할 가능성도 있다고 생각한다. 앞서 언급한 TPP가 미국 없이 CPTPP로 부활하게 되는 상황이 WTO에서도 일어날 수 있을 것이다.

Contents

3부 코로나19가 바꿔놓을 뉴노멀

PART
1

코로나19
전쟁

신속하게 그리고 무엇이든 최대한으로

리처드 볼드윈
제네바대 국제경제학대학원, CEPR

베아트리스 베더 디 마우로
제네바대 국제경제학대학원, CEPR

전 세계적으로 코로나19 확진과 사망 사례가 급증하고 있다. 유럽이 현재 코로나19 발병의 중심지가 되었고, 3억 3,000만 명에 달하는 거대 인구와 국가적 리더십의 부재를 고려했을 때 미국이 향후 유럽을 뒤이어 질병 확산의 중심지가 될 것으로 보인다. 주가는 하루에도 5~10%씩 변동하고 있다. 상승하는 경우도 있지만 대부분은 하락세다. 다른 금융시장도 변동성이 크기는 마찬가지다. 유럽 정부는 공공의 건강을 위해 극단적이라고 보일 정도로 적극적인 억제 정책을 취하고 있다. 미국의 각 시와 주에서도 억제 정책이 확산되고 있으나, 리더십의 부재로 정책 사이에 조화나 일관성이 부족하다. 그러나 모든 것이 이처럼 다 불확실한 것만은 아니다.

어떤 면에서 보면, 코로나19 위기는 점점 더 예측 가능해지고 있다. 대다수가 '중국의 문제'로 생각하던 것이 '이탈리아의 문제'가 되고 이제는 '모든 국가의 문제'가 되었다. 몇몇 국가를 제외한 대부분은 지역사회 감염이 확산되기 전까지 코로나19를 대수롭지 않은 일로 판단했다. 그러다 지역사회 감염이 확인되고 나서야 사회적 거리두기, 사업장 폐쇄, 학교 폐쇄 같은 엄중한 조치를 취하고 있다. 이러한 조치는 불가피하게도 경제에 즉각적인 여파를 미쳐서 점점 더 심한 경기 침체로 이어진다. 이는 그간 유럽 내에서 공통적으로 나타났으며,

앞으로 미국과 다른 여러 국가에서 똑같이 반복될 것이다. 코로나19의 전염성이 매우 강하고, 바이러스가 '가속 단계'에서 폭발적으로 확산돼 엄청난 피해를 야기하기 때문이다.

이 책은 이런 위기의 시대에서 우리에게 어떤 조치가 필요한지 유수의 경제학자 의견을 듣고 집대성한 자료다. 저자들은 현재 빠르게 변화하고 있는 정책적 대응을 분석하고, 우리에게 필요한 의료와 경제 정책을 한발 앞서 논의함으로써 세계 각 국가들이 코로나19에 선제적으로 대응할 수 있기를 희망한다. 또한 이 책을 통해 코로나19 위기에 한 가지 중요한 특성이 있음을 강조하고자 한다. 그 특성이란 바로 어떤 특정 문제를 해결하겠다고 성급한 대책을 취하다가는 경제 위기가 금융 위기, 부채 위기 또는 외환 위기로 불거질 수 있다는 점이다. 어설픈 미봉책으로 장기적인 문제가 발생하지 않도록 우리는 신중을 기해야 한다.

코로나19로 인한 경제적 타격의 규모는 아직 확실하게 알려진 바 없으나, 그 규모가 점점 더 커지리라는 사실만큼은 확실하다. 이제 각국 정부는 이러한 경제적 타격을 완화하는 데 초점을 맞춰야 한다. 전면전이 필요한 시기다. 소심한 대책을 세울 시기는 지났다. 수단과 방법을 가리지 않고 코로나19 위기에 신속하게 대응해야 한다.

무엇이 문제인가? 의료 쇼크 및 경제 쇼크

코로나19의 특징은 전염성이 높은 까다로운 질병이지만 치사율이 특별히 높지는 않다는 점이다. 특히 젊고 건강한 사람이라면 크게 위험하지 않다. 하지만 전 세계 모든 주요 국가들이 동시에 경제적으로 큰 타격을 입었다는 점은 코로나19의 또 다른 특징이다. 전 세계 생산과 소득의 3분의 2 이상을 차지하는 국가들이 질병 확산을 막기 위해 억제 정책을 취하고 있다. 평시라면 극단적

자료 1. 전형적인 유행 곡선의 구간과 단계

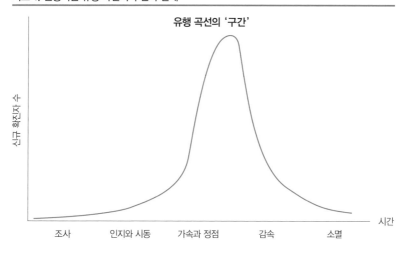

유행 곡선의 '구간'

신규 확진자 수

시간

조사　　　인지와 시동　　가속과 정점　　　감속　　　소멸

출처: CDC.gov, www.cdc.gov/flu/pandemic-resources/national-strategy/intervals-framework-508.html

으로 보일 법한 정책이지만, 지금은 평시가 아니다.

의료 쇼크에 의한 경제적 타격

중국에서 시작된 코로나19는 2020년 1월 9일 첫 사망자를 낸 후 빠른 속도로 확산됐다. 중국 이외의 지역에서는 1월 13일 태국에서 첫 확진 사례가 발표됐다. 2월 7일 첫 확진자가 발생한 캐나다를 제외하면, 1월 말을 기준으로 모든 G7 국가에서 확진 사례가 보고됐다. 이탈리아는 2월 말, 그 외의 모든 G7 국가는 3월 초 무렵에 '전염 유행 곡선'의 가속 단계에 진입했다(자료 1은 시간이 지남에 따라 일일 신규 확진자 수가 어떻게 변화하는지 나타낸다).

공공 보건 전문가들이 흔히 사용하는 위의 유행 곡선은 전체가 지수 함수적으로 나타나는 지수 곡선은 아니지만 가속 단계만 보면 지수 곡선의 모습을 하고 있다.

'유행 곡선'의 데이터에는 노이즈가 많다. 본래 의학이 일정한 규칙을 따르

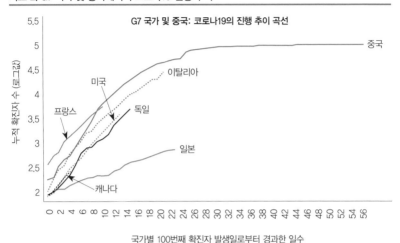

국가별 100번째 확진자 발생일로부터 경과한 일수

출처: ECDC 온라인 데이터를 기초로 저자 작성 (데이터는 2020년 3월 17일 기준)

지도 않거니와, 측정과 보고에 어려움이 있기 때문이다. 코로나19가 의료에 미치는 충격의 규모는 자료 2의 진행 추이 곡선을 보면 보다 쉽게 파악할 수 있다. 자료 2의 y축은 누적 확진자 수의 로그값을, x축은 각 국가에서 (임의의 임계점인) 100번째 확진자가 발생한 날로부터 경과한 일수를 나타낸다. 이 같은 '로그 스케일' 그래프에서 직선은 (누적) 확진자 수가 일정한 증가율로 증가함을 의미한다. 유행 곡선의 모양으로 인해 그래프의 선은 가속 단계에서 가파르게 올라갔다가 감속 단계에 접어들면서 평탄해진다. 이 유행 곡선과 진행 추이 곡선의 관계는 참고 1에 자세히 설명되어 있다.

자료 2와 같이, 중국과 모든 G7 국가들은 코로나19가 창궐한 이래 유사한 진행 추이를 경험했다. 단, 일본만이 G7 국가들 가운데 예외적인 행보를 보인다.

자료 2를 보면 코로나19가 어느 정도 예측 가능한 흐름으로 움직인다는 것을 알 수 있다. 중국이 2020년 1월에 코로나19 타격을 입었고, 그로부터 4주

참고 1. 유행 곡선과 진행 추이 곡선

유행 곡선은 일일 신규 확진자 수를 통해 확진 사례의 증가를 나타내는 그래프다. 반면 진행 추이 곡선은 누적 확진자 수를 보여주는 그래프로, 확진자 수의 증가세를 분명하게 나타내기 위해 누적 확진자 수의 로그값을 사용한다. 그렇다면 유행 곡선과 진행 추이 곡선 사이에는 서로 어떤 관계가 있는가?

자료 3. 중국의 유행 곡선과 진행 추이 곡선

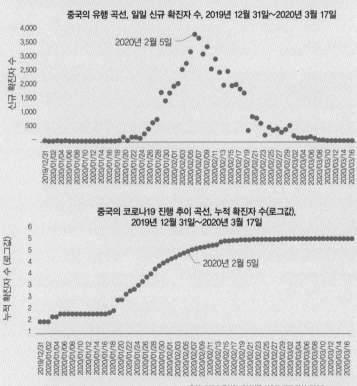

출처: ECDC 온라인 데이터를 기초로 저자 작성. ECDC.euopa.eu.

자료 3은 중국의 유행 곡선과 진행 추이 곡선이다(중국은 현재 바이러스 확산의 감속 단계에 접어든 상태다). 쉽게 설명하면, 유행 곡선은 확진자 수의 일별 변화를, 진행 추이 곡선은 누적 확진자 수를 보여준다. 유행 곡선이 단봉 형태이므로, 진행 추이 곡선은 완만한 S자형 또는 로지스틱 곡선의 형태를 띤다.

후에 이탈리아, 5주 후에 독일과 프랑스, 6주 후에는 영국이 차례로 타격을 입었다. 일부 국가들은 몇 주 동안 코로나19를 마치 강 건너 불구경하듯 했으나, 2020년 3월 17일 현재 모든 국가들은 당장 억제 정책을 취하지 않으면 어떤 재앙이 닥치는지 분명하게 직시하고 있다.

거시적인 관점에서 보면 그래프의 곡선들이 서로 다 비슷해 보이지만, 그간 억제 정책을 취한 국가의 그래프를 보면 억제 정책이 바이러스의 확산을 늦추는 데 큰 영향을 미쳤음을 알 수 있다. 일본의 진행 추이 곡선이 이를 잘 보여준다. (앞 그래프에는 없지만) 싱가포르와 홍콩 역시 코로나19의 폭발적인 확산을 잘 통제했다. 이런 국가들을 통해 공공 보건 측면에서 중요한 교훈을 얻을 수 있지만, 여기에서는 그보다 경제적 관점에 집중하고자 한다. 경제적 관점에서, 바이러스 확산 억제 정책이 경제에 불가분의 영향을 미친다는 중요한 사실을 알 수 있다.

2차 파동의 가능성

1918년부터 1920년까지 세 차례에 걸쳐 많은 국가를 휩쓸고 간 스페인 독감처럼 코로나19 역시 2차 감염의 위험성이 존재한다. 영국 임페리얼 칼리지 연구진이 최근 실시한 시뮬레이션이 바로 이러한 코로나19의 2차 파동 가능성을 시사하고 있다. 연구진은 해당 시뮬레이션에서 영국과 미국이 아무런 확산 억제 정책을 취하지 않은 경우와 다양한 억제 정책을 조합한 경우를 가정해 유행 곡선의 모양을 예상했다.

자료 4의 검은 선은 공공 보건을 위한 통제 정책을 전혀 취하지 않았을 때의 유행 곡선으로, 곡선의 값은 병원에 입원한 환자 수를 통해 측정했다. 반면 색깔 선은 여러 가지 다른 억제 정책을 취했을 때의 유행 곡선 예상 경로다. 주황선은 병상 수용 능력의 한계를 나타낸다. 그래프에는 없지만, 시뮬레이션 결과

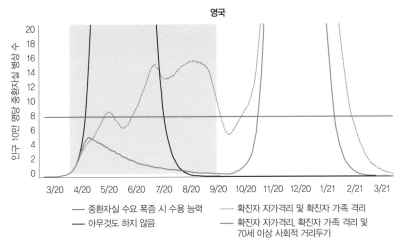

출처: 퍼거슨 외 (2020)

에 따르면 미국의 그래프 모습도 비슷한 것으로 나타났다.

현재 중국 정부는 코로나19의 2차 파동을 크게 우려하고 있다. 중국은 과거 미국, 호주를 비롯한 여러 국가들이 중국인의 입국을 금지하자 이를 모욕적인 처사로 받아들였다. 그러나 지금은 오히려 반대로 중국이 외국인의 입국을 금지하고 있다. 샹진 웨이는 그의 칼럼에서 "일부 국가의 바이러스 통제 조치가 그다지 효과적이지 못한 것으로 보이기 때문에, 중국 정부는 이들 국가와의 항공편 운항을 조만간 재개하는 데 적극적이지 않을 수도 있다"라고 말했다.

싱가포르 역시 2차 파동의 가능성을 우려하고 있다. 싱가포르는 철저한 검사, 추적 조사, 환자 격리에 힘입어 거의 한 달 동안 확진자 수를 100명 미만으로 유지하는 데 성공했다. 하지만 최근 들어 확진자 수 증가 속도가 높아지고 있는데, 대부분이 바이러스 확산의 새로운 중심지로부터 외부 유입된 경우다. 이에 싱가포르 정부는 여행 제한 조치를 다시 확대하고 해외에서 귀국하는 국민에게 14일간 의무 자가격리를 실시했다. 여기서 중요한 점은 싱가포르 정부는 많은 이들이 중국의 경험을 토대로 예상했던 것처럼 코로나19의 여파가 일시적이지 않을 수 있다는 사실을 솔직하게 발표한다는 것이다. 싱가포르의 방역 정책은 앞으로도 장기간 그대로 유지될 수 있다. 싱가포르 정부는 국민에게 향후 1년 안에 모든 것이 정상으로 돌아가기 어려울 수 있다고 강조한다. 싱가포르 외무장관은 CNBC와의 인터뷰 중 "우리는 최선을 희망하고 있지만, 그럼에도 불구하고 최악의 상황을 가정해야 한다"고 말한 바 있다.

확산 억제

전염병을 통제한다는 것은 '유행 곡선을 평탄화하는 것'을 말한다. 이는 직장과 학교의 폐쇄, 여행 금지 등 소위 '사회적 거리두기'로 전반적인 대인 접촉을 줄임으로써 질병 감염 속도를 늦추는 것이다. 중국 우한이 이러한 접근 방식을 택했고, 현재 유럽과 미국도 같은 방식을 취하고 있다. 또 다른 방법은 바이러스에 감염된 환자를 발견하고 이들을 일반 사람들로부터 격리하는 것이다.

사회적 거리두기는 불가피하게 경제 둔화를 발생시킨다. 코로나19처럼 전세계적으로 유행하는 전염병은 경제 생산 활동에 심각한 타격을 입히기 마련이다. 여기에 억제 정책을 취하면 경제는 타격 이상의 훨씬 심각한 불황에 빠진다.

그렇다면 정부는 어째서 억제 정책을 취하는 것일까? 이유는 간단하다. 유행 곡선을 평탄화하면 사람들의 목숨을 살릴 수 있기 때문이다. 논리는 다음과 같다. 현재 코로나19를 퇴치할 수 있는 최신 치료제가 없다는 점을 감안했을 때, 공공 의료 시스템의 병목 현상으로 환자들이 최적화된 치료를 못 받는 (그 결과 사망하는) 상황을 방지하기 위해서는 '유행 곡선을 평탄화하는 것'이 핵심이다. 바이러스 확산의 가속 단계에서는 입원 치료가 필요한 환자 수가 급증하는데, 그 속도는 한 국가의 의료 시스템을 마비시킬 정도로 빠르다. 과거에는

자료 5. 유행 곡선의 평탄화 – 의료 과포화를 막아 사망자 발생을 줄임

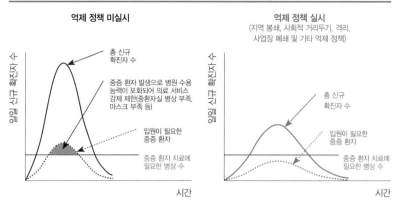

출처: 볼드윈의 데이터를 기초로 작성

중국 우한에서, 지금은 이탈리아에서 이런 상황이 벌어지고 있다.

전시에 부상병을 '전시 부상자 분류 시스템'에 따라 분류하듯 코로나19 환자를 증상에 따라 분류해야 하는 상황을 줄이기 위해 이탈리아는 현재 극단적이라고 보일 정도로 강력한 조치를 취하고 있다. 그러나 병원이 포화 상태에 달해 환자의 목숨을 살릴 수 없게 되는 그야말로 악몽 같은 상황이 발생하는 것에 비하면 이탈리아의 조치를 그렇게 극단적이라고 할 수도 없다. 억제 정책은 바이러스에 감염된 사람이 바이러스에 취약한 사람과 접촉하는 빈도수를 낮춰 바이러스의 확산 속도를 늦추고, 나아가 입원 치료가 필요한 환자 발생을 억제하는 효과가 있다. 억제 정책의 목표는 중증 확진자의 일별 발생 수를 병원의 신규 환자 수용 능력보다 낮게 만드는 것이다. 자료 5를 보면 이처럼 '유행 곡선을 평탄화'하는 이유를 알 수 있다.

왼쪽 그래프는 아무런 억제 정책을 취하지 않았을 경우의 유행 곡선 모습이다. 신규 확진자 수와 입원 치료가 필요한 중증 확진자 수가 급증하는 것을 볼 수 있다. 이탈리아와 중국에서 이처럼 입원 수요가 급증하면서 병원 수용 능력이 포화되는 사태가 발생했다. 반면, 오른쪽 그래프는 유행 곡선 평탄화가 이런

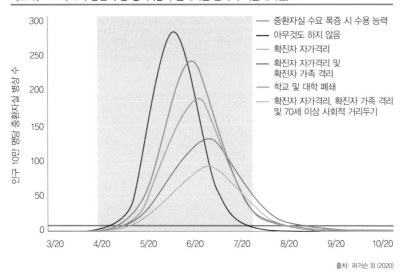

자료 6. 코로나19와 병원 수용 능력 (영국 임페리얼 칼리지 시뮬레이션)

범례:
- 중환자실 수요 폭증 시 수용 능력
- 아무것도 하지 않음
- 확진자 자가격리
- 확진자 자가격리 및 확진자 가족 격리
- 학교 및 대학 폐쇄
- 확진자 자가격리, 확진자 가족 격리 및 70세 이상 사회적 거리두기

y축: 인구 10만 명당 중환자실 병상 수

출처: 퍼거슨 외 (2020)

비극적인 사태를 막을 수 있다는 것을 보여준다.

그러나 안타깝게도 학자들의 예상에 따르면, 이런 억제 정책을 취해도 병원은 여전히 포화될 것으로 보인다. 자료 6은 임페리얼 칼리지 코로나19 연구팀의 시뮬레이션 결과다. 아무런 통제 정책을 취하지 않았을 때(검은 선)와 여러 억제 정책을 병용했을 때(색깔 선)의 유행 곡선을 보면, 최적화된 억제 정책을 취해도 영국과 미국에서 중환자실 수요가 최대치에 이를 경우, 이 수치는 수요 폭증 시 병원이 환자를 수용할 수 있는 능력보다 여전히 8배 높게 나타난다.

공공 보건 정책으로 인한 경제 불황

유행 곡선을 평탄화하면 경제 활동이 둔화된다. 말하자면, 꼭 필요한 공공 보건 정책이 경제 침체를 가져오는 것이다. 근로자가 직장에 출근하지 못하고

자료 7. 억제 정책과 유행 곡선, 경기 침체 곡선 – 곡선의 평탄화와 급경사화

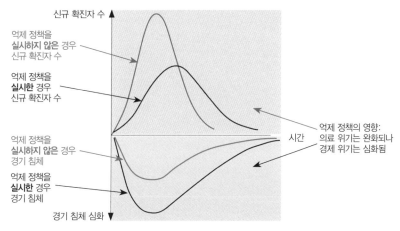

억제 정책은 유행 곡선을 평탄하게 만드나, 동시에 경기 침체 곡선은 가파르게 함

출처: 구랑샤의 그래프를 참고하여 저자 작성

소비자가 소비 생활을 할 수 없게 되면 경제 활동이 저하된다. 자료 7은 이러한 현상을 그래프로 표현한 것으로, 그래프의 윗부분은 공공 보건에 미치는 영향, 아랫부분은 경제에 미치는 영향을 나타낸다.

그래프 윗부분의 주황 선은 아무런 억제 정책을 취하지 않았을 때의 유행 곡선, 검은 선은 억제 정책을 취했을 때의 유행 곡선이다. 억제 정책 덕분에 검은 선이 주황 선보다 평탄한 모습이다. 억제 정책이 유행 곡선의 평탄화를 가져온 것이다.

그래프 아랫부분의 주황 선은 아무런 억제 정책을 취하지 않았을 때의 경제적 손실(마이너스 성장)을 나타낸다. 검은 선을 보면 억제 정책을 취했을 때 불황이 심화된다는 것을 확인할 수 있다. 검은 선은 주황 선보다 기울기가 더 가파르고 곡선의 봉우리도 더 낮다. 그래프 윗부분과는 완전히 반대 상황인 것이다. 피에르-올리비에 구랑샤는 "유행 곡선의 평탄화는 필연적으로 거시경제적 경기 침체 곡선을 가파르게 만든다"라고 표현하기도 했다.

일부 국가가 억제 정책 실행을 미루는 이유가 바로 이 같은 전염병 억제와 경제의 피할 수 없는 상충 관계 때문이다.

코로나19가 야기하는 세 가지 경제적 타격

코로나19의 전 세계적 확산은 온갖 종류의 경제적 타격을 유발한다. 이들이 어떤 타격인지 살펴보기 위해 타격의 종류를 크게 세 가지로 분류하고자 한다.

첫 번째 – 질병으로 인한 타격 (환자는 GDP에 기여하지 못함)

두 번째 – 억제 정책으로 인한 경제적 타격

세 번째 – 기대 심리에 미치는 타격

2008~2009년 금융 위기 때와 마찬가지로, 코로나19 위기가 발생하자 전 세계적으로 소비자와 기업이 소비와 지출을 유보하는 현상이 나타나고 있다. 소비자와 기업이 관망세로 돌아섰기 때문이다.

바이러스 쇼크가 경제에 미치는 영향은 무엇인가

피에르–올리비에 구랑샤는 그의 글에서 위 질문에 다음과 같이 대답했다. "현대 경제는 회사, 직원, 공급자, 소비자, 은행, 금융중개인 등 상호 연결된 당사자들이 거미줄처럼 복잡하게 얽혀 있다. 말하자면 누구나 다른 사람의 직원이자 고객이고 채권자다." 이처럼 구매자와 판매자 간의 연결고리 중 하나가 질병 또는 질병 확산을 막기 위한 억제 정책으로 인해 깨지면, 다른 연결고리도 연쇄적으로 부서지는 결과가 발생한다. 자료 8은 이 같은 흐름을 보여준다.

자료 8은 대부분의 경제학 개론서에서 볼 수 있는 도식으로, 우리에게 익숙한 소득 순환 모형을 단순하게 표현한 것이다. 이 도식에 따르면 가계는 자본과

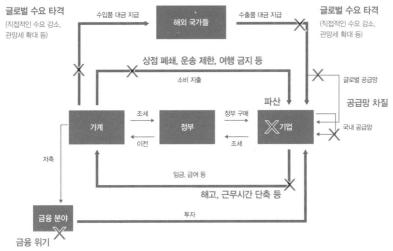

글로벌 수요 타격
(직접적인 수요 감소,
관망세 확대 등)

수입품 대금 지급

해외 국가들

수출품 대금 지급

글로벌 수요 타격
(직접적인 수요 감소,
관망세 확대 등)

상점 폐쇄, 운송 제한, 여행 금지 등

소비 지출

글로벌 공급망

파산

공급망 차질

가계

조세

정부

정부 구매

X기업

국내 공급망

이전

조세

저축

임금, 급여 등

해고, 근무시간 단축 등

금융 분야

투자

금융 위기

출처: 볼드윈의 데이터를 기초로 작성

노동력을 갖고 있고 이를 기업에 공급하며, 기업은 공급받은 자본과 노동력을 통해 재화를 생산하고, 가계는 기업이 지급한 돈으로 재화를 구매하는 식으로 소득이 순환하고 경제가 성장한다. 따라서 이러한 흐름의 한 부분에 차질이 발생하면 결국 모든 흐름이 둔화되는 결과가 발생한다.

X자표는 위에서 분류한 세 가지 종류의 타격이 어느 지점에서 경제 순환을 방해하는지 보여준다. 왼쪽에 있는 X자표부터 시계 방향으로 돌아가면, 먼저 임금을 받지 못한 가계가 경제적 어려움에 처해 소비를 줄이는 현상을 볼 수 있다. 이는 내수에 타격을 가해 국가의 해외 수입을 줄게 만들고, 해외로 나가는 자금의 흐름을 떨어뜨린다. 이는 내수에 직접적인 영향을 미치지는 않으나, 다른 국가의 소득을 감소시켜 이들 국가에서 수출 활동을 위한 지출을 감소시킨다(오른쪽 윗부분에 있는 X자표). 수요 감소와 공급 활동에 미치는 직접적인 타격은 국내외 공급망에 차질을 일으킨다(오른쪽에 있는 X자표 두 개). 국내외 공급망에 차질이 생기면 생산, 특히 제조업 분야의 생산이 줄어든다. 제조업이 타격을

받으면 소비자와 기업이 관망세로 돌아서 상황이 더욱 악화된다. 제조업이 이런 상황에서 특히 더 취약한 이유는 제조업 생산품들은 지금 당장 생산하지 않아도 되는 물건들이 많기 때문이다(오른쪽 아랫부분에 있는 X자표).

기업이 파산하는 것도 문제다. 현금 흐름이 감소하면 최근 몇 년 동안 대출을 많이 받은 기업이 위험해진다(2019년 BIS 비율 산출 방식이 개편되면서 기업의 대출 활동이 활발해졌다). 영국의 저가 항공사 플라이비(Flybe) 파산이 대표적인 사례다. 이 같은 기업의 파산은 연쇄 효과를 발생시킬 수 있다. 파산한 기업의 채권자가 빌려준 돈을 받지 못하고, 근로자가 임금을 받지 못하면 결국 소비와 투자가 감소한다. 한 기업이 파산하면 다른 기업도 어려움에 처할 수 있다. 과거 서브프라임 모기지 사태 때 건설 경기가 위축됐던 사례를 보면 기업의 연쇄 파산이 낯선 일이 아님을 알 수 있다. 마지막으로 병가, 격리 및 자녀나 친지의 질병 치료를 위해 휴가를 얻는 근로자들이 발생한다. 특히 일자리를 잃은 근로자들은 소비를 줄인다.

이 같은 소득 순환의 타격은 20세기 최대 범 유행 전염병이었던 스페인 독감 사례에서 확인할 수 있다.

참고 2. 스페인 독감이 경제에 미치는 악영향에 대한 분석

스페인 독감은 1918년부터 1920년까지 전 세계를 휩쓴 범 유행 전염병이다. 이로 인한 사망자 수는 당시 전체 인구의 2%인 약 4,300만 명에 달했다. 스페인 독감은 (1) 1918년 봄(1918년은 제1차 세계대전이 종전된 해이다), (2) 1918년 9월~1919년 1월(전쟁으로 징집되었던 병사들의 귀향이 당시 질병 확산의 한 가지 원인으로, 이 시기에 스페인 독감이 가장 맹위를 떨쳤다), (3) 1919년 2월~12월 등 총 3차에 걸쳐 발발했다. 당시 수많은 유명인들이 스페인 독감으로 사망했는데, 현 미국 대통령인 도널드 트럼프의 할아버지도 이때 스페인 독감으로 숨졌다.

다음 표는 전 세계에서 스페인 독감으로 사망한 초과 사망자 수를 요약한 것이다(43개국의 데이터를 사용함).

스페인 독감 창궐 시(1918~1920년) 총 사망자 수 (단위:백만 명)				
	파동			합계
	1918	1919	1920	
43개국의 추정 사망자 수	23.5	8.4	2.8	34.6
전 세계에 적용한 사망자 수	26.4	9.4	3.1	39.0

출처: 바로 외 (2020)

스페인 독감의 치사율을 코로나19에 단순히 대입해보면(현실적으로 가능한 시나리오는 아니지만 코로나19로 인한 최대 사망자 수를 예상하는 데도 도움이 될 것이다) 코로나19로 엄청난 사망자가 발생하리라는 것을 짐작할 수 있다. 치사율이 2%가 되면 무려 1억 5,000만 명의 사망자가 발생한다. 실로 믿기 어려운 결과다.

그렇다면 이로 인해 경제는 어떤 타격을 입었을까? 바로와 그의 연구팀은 스페인 독감이 1918년부터 1920년까지 부침을 거듭하며 전 세계를 강타하는 동안 GDP가 어떤 영향을 받았는지 분석했다. 분석 결과는 경각심을 불러일으키긴 하지만, 충격적인 정도는 아니다. 스페인 독감으로 피해를 입은 전형적인 국가의 1인당 실질 GDP는 6% 하락했다. 제1차 세계대전으로 1인당 실질 GDP가 8.4% 하락한 것과 비교되는 수치다.

터널 끝 불빛

현재 많은 전문가들은 유럽과 미국이 가파른 경제 침체 기간에 접어들고 있다고 말한다. 하지만 다음과 같은 이유에서 이를 일시적인 경제적 충격 정도로 보는 국가들도 있다. 중국 사례 분석에서 어두운 터널의 저 끝에 반짝이는 불빛이 있다는 것이 확인됐기 때문이다. 참고 3에 해당 분석 내용이 요약돼 있다. 이는 분명 반가운 소식이지만, 코로나19가 1차 파동 후 재발할 수 있음을 잊어서는 안 된다. 스페인 독감 사례에서도 봤다시피 (참고 2) 전염병의 재발은 꽤 흔하다.

참고 3. 중국의 L자형 회복 곡선: '그라운드 제로'의 경제 회복

중국이 500여 일의 봉쇄 끝에 서서히 깨어나고 있다. 아직 정확한 규모는 밝혀지지 않았지만 많은 분석가들이 예상했던 것보다 경제적 손실의 규모가 훨씬 더 심각한 것으로 보인다. 블룸버그에 따르면 산업 생산은 2020년 1월과 2월 13.5%의 하락률을 보였으며, 중간값 추정치는 −3%다.

자료 9. 중국의 교통혼잡지수 (2020년)

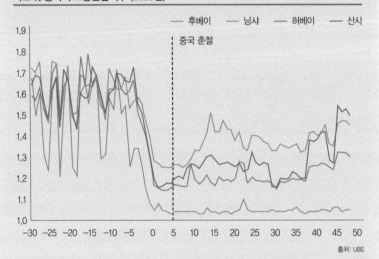

출처: UBS

중국 내에서 모든 것이 정상으로 돌아가려면 아직 멀었지만, 적어도 교통 혼잡과 대기오염 수치가 다시 높아지기 시작했다. 자료 9에서 볼 수 있듯 이 두 가지는 경제 활동이 재개되고 있다는 신호다.

공공 보건을 위해 경기 침체가 불가피하다는 것은 기정사실이다. 그러나 정부는 경기 침체 곡선을 평탄하게 만들 수 있으며, 또 반드시 그래야만 한다.

경기 침체 곡선을 평탄화하는 방법

여러 경제학자들의 공통적인 의견은 사실 간단하다. 신속한 대응, 수단과 방법을 가리지 않는 적극적인 조치로 요약된다. 정부는 '경기 침체 곡선을 평탄화'하는 정책을 취하되, 경제에 장기적인 타격을 가하는 조치는 피해야 한다. 정부는 불황이 끝날 때까지 적어도 '현상 유지'를 할 수 있도록 수단과 방법을 가리지 말고 행동해야 한다.

로베르토 구알티에리 이탈리아 재무장관은 "코로나19로 일자리를 잃는 사람은 없을 것이다"라고 발표한 바 있다. 알베르토 알레시나와 프란체스코 가바찌의 표현을 인용하면, 우리는 이렇게 덧붙일 수 있다. "만약 누군가 일자리를 잃는다면, 대신 새로운 일자리를 구할 때까지 생활지원비를 지급받을 것이다." 이는 유로존 경제 위기 당시 마리오 드라기 총재가 그 유명한 연설을 통해 유럽 중앙은행(ECB)이 유로를 지키기 위해 "무엇이든 다 하겠다"고 밝혔던 것과 맥락을 같이 한다. 사람들은 드라기 총재의 이야기를 믿었고, 유로존은 붕괴하지 않을 것이라는 사실을 전제로 기대 심리가 회복되었다. 그렇게 회복된 기대 심리는 현실로 이어졌다. 이는 현재 코로나19 위기에 대응하는 정책 입안자들이 참고할 만한 좋은 본보기다.

우리 저자들의 조언은 다음 두 가지 사항을 전제로 한다.

1. 코로나19가 공공 보건에 미치는 타격은 일시적이다. 의사들이 백신과 치료제를 개발하면 타격은 잦아들 것이다.

중국은 바이러스 창궐 후 약 3개월이 지난 현재 유행 곡선의 내리막에 있다(적극적인 억제 정책을 취한 덕분이다). 이는 통제의 강도가 낮은 국가에게 희소식일 수 있다. 코로나19는 언제든 재발할 수 있지만(참고 2), 백신 등의 최신 치료제가 개발되면 언젠가 범 유행 전염병 현상이 종식될 것이다.

2. 코로나19가 경제에 미치는 타격은 장기적일 수 있다. 예방 조치를 취하지 않으면 경제 침체가 끝날 즈음 일자리가 사라지고, 기업이 도산하고, 은행과 국가의 재정 상태가 부실해질 수 있다.

문제 해결의 핵심은 '경제의 흉터 조직'이 누적되는 상황을 막는 것, 즉 개인과 기업이 불필요하게 파산하는 상황을 줄이고, 실직한 사람들도 소비 생활을 유지할 수 있도록 자금을 지원하는 것이다. 유행 곡선을 안정화하기 위해 자가 격리자에게 보조금을 지원하는 것이 한 가지 해법이 될 수 있다.

'무엇이든 최대한의 조치'가 필요한 시기

오바마 행정부의 경제자문위원장이었던 제이슨 퍼먼은 '수단과 방법을 가리지 않는 적극적인 조치'에 다음과 같은 여섯 가지 방향성을 제시한다. 첫째, 부족한 것보다는 과도한 것이 낫다. 둘째, 가능한 기존 메커니즘을 활용한다. 셋째, 필요한 경우 새로운 프로그램을 개발한다. 넷째, 대책을 다양화하고, 혜택의 중복 지원이나 의도하지 않은 '수혜자'가 발생하는 일을 두려워하지 않는다. 다섯째, 가능한 민간 기업의 협조를 얻는다. 여섯째, 적극적이고 장기적인 대응 전략을 취한다는 것이다.

기본적인 해법은 자료 8에 있는 모든 X자표를 해소하는 것이다. 현재 전 세계 국가들은 코로나19가 국가 경제에 미치는 피해를 최소화하기 위해 경기 침체에 대응할 수 있는 정책 패키지를 앞다투어 내놓고 있다. 이 같은 정책은 편의상 재정 정책, 통화 정책, 금융 규제 정책, 사회보험 정책, 산업 정책, 무역 정책 등 여섯 가지로 분류할 수 있다.

이 책에서 논의되는 정책들 가운데 가장 대담한 것은 호르디 갈리의 제안으로, 그는 '수단과 방법을 가리지 않는 적극적인 조치'를 위해 '헬리콥터 머니'

를 제안한다. 그의 논리는 간단하다. 현재 정부 지출을 대대적으로 늘려야 할 필요성은 급박하지만, 많은 유럽 정부의 부채 지속가능성이 한계에 다다른 것을 고려하면 여기에는 리스크가 있다. 잘못하면 코로나19로 인한 경기 침체가 국가 채무 위기로 번질 수 있다.

재정 정책

2008년 세계 금융 위기가 닥치자 각국 중앙은행이 위기 해결을 위해 나섰다. 2011년 유로존 위기가 발생했을 때 문제 해결에 앞장선 것도 역시 중앙은행이었다. 그러나 코로나19 위기에서 통화 정책은 그다지 효과적이지 못한 것으로 드러났다. 대대적인 금리 인하에도 불구하고 위기가 앞으로 얼마나 오래 지속될지, 위기의 골이 얼마나 깊을지에 대한 사람들의 불안을 잠재우지 못했다. 적어도 금융시장에서 관찰된 기록적인 하락 장세만 보면 통화 정책이 효과적이지 않은 것은 분명하다.

코로나19 위기를 타개하기 위해서는 재정 정책이 최우선돼야 한다. 주요 타격이 실물 경제에서 비롯된 것이기 때문이다. 그러나 세계 금융 위기 및 유로존 위기 때와 마찬가지로, 중앙 정부 역시 '수단과 방법을 가리지 않고' 문제를 해결할 준비가 돼 있어야 한다.

각국 정부는 이미 적극적인 재정 정책을 마련했다(자료 10). 현재까지 발표된 정책 패키지 중 가장 큰 규모는 홍콩의 재정 대책으로, 재정 지원의 규모가 무려 GDP의 4%에 달한다. 이탈리아, 스페인, 영국에서는 그 규모가 GDP의 약 1.5%에 해당하는 재정 지원 프로그램이 논의 중인데, 가계와 기업에 선별적 재정 지원을 골자로 하고 있다. 해당 정책에는 코로나19 위기로 영향을 받은 근로자를 위한 소득 지원, 세금 신고 및 납부 연장, 사회보장비 납부 연장 또는 보조금 지급, 채무 상환 연기, 기업을 위한 정부 대출 또는 신용 보증 등의 대책이 포함돼 있다.

독일은 2020년 3월 13일 재정 지원 프로그램을 발표하고, 이를 '근로자와

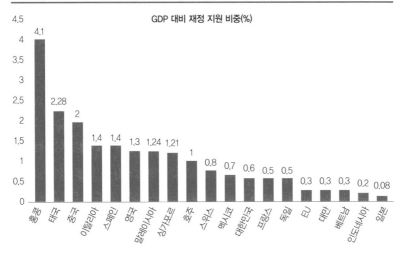

GDP 대비 재정 지원 비중(%)

출처: UBS 데이터를 기초로 저자 작성

기업을 위한 보호 장치'라고 설명했다. 독일의 공공 금융기관인 독일재건은행은 이 프로그램에 따라 기업에 유동성을 지원하고자 대출 무제한 보증을 제공하기로 했다. 독일 재무장관은 이 재정 프로그램을 '거대한 바주카포'에 비유했다.

정부의 지출이 늘면 정부의 부채도 늘어난다. 부채가 늘어나는 것을 걱정해야 하지 않을까? 전쟁, 재난, 전염병, 장기 불황 등은 경제학 교과서에서 재정적자를 야기하고 정부의 부채가 누적되는 원인으로 손꼽히는 대표적 사례들이다. 가령, 영국은 제2차 세계대전 당시 전시 자금을 조달하기 위해 국채를 발행하고 이를 화폐화하는 전략을 취했는데, 이때 영국의 정부 부채 규모는 GDP의 최대 250%까지 치솟았다(자료 11). 자료 11의 굵은 세로선은 각각 제1차 세계대전, 대공황, 제2차 세계대전, 세계 금융 위기를 나타낸다.

마크롱 프랑스 대통령은 코로나19 확산 저지를 위한 노력을 전쟁으로 표현했다. 코로나19의 경제적 피해를 완화하기 위한 노력도 궁극적으로 평시에는

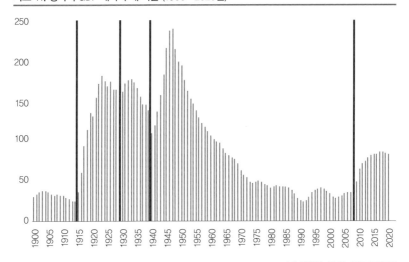

출처: 영란은행 데이터를 기초로 파니차 작성

상상할 수 없는 과감한 조치가 필요할 것이다.

재정 정책이 최전선에서 싸우는 동안, 통화 정책은 (증권 시장이 아닌) 금융 시스템에 유동성을 보증하는 방식으로 최전선을 보조해야 할 것이다.

비가 쏟아지는 상황에서 지붕을 수리해야 하는 유럽

크리스틴 라가르드(Christine Lagarde)는 국제통화기금(IMF) 총재로 있으면서 종종 유럽 정책 입안자들에게 "해가 떠 있을 때 지붕을 수리해야 한다"고 이야기하곤 했다. 이는 라가르드뿐만이 아니었다. 여러 전문가들이 유로존이라는 지붕이 여전히 물이 새고 있으니 비가 내리기 전에 개혁해야 한다고 입을 모았다. 그런데 지금은 비가, 그것도 폭우가 내리고 있다.

개혁이 마무리되지 못한 탓에 유로존에는 아직 유의미한 재정 안정화 장치가 없고, 공동 안전자산도 없으며, 공동예금보험제도가 마련되어 있지 않고, 여전히 '파멸의 고리'에서 벗어나지 못하고 있다. 코로나19 위기에서 벗어나려면 유럽 전역에서 부채 수준이 급격하게 높아지는데, 이미 부채 수준이 높은 국가는 국가신용 스프레드가 급상승해 악순환으로 이어질 수 있다. 유로존 국가 간의 금융통합 정도가 낮아지는 금융 분절화의 두려움과 리디노미네이션 리스크로 또다시 유로 위기가 발생해 자본의 흐름이 갑자기 멈추는 현상이 생길 수도 있다. 전염병이 도는 와중에 이런 상황까지 발생하면 정말 큰일이다.

유로존 국가들이 지난 10여 년 동안 만들어낸 각종 제도적인 장치와 기관은 코로나19 위기 대응을 염두에 두고 고안된 것이 아니다. 그것은 단일 국가 (또는 일련의 작은 국가들) 내 금융 또는 공공 부문에서 발생하는 비대칭적 충격을 완화하기 위한 목적으로 만들어진 것이다. 유로존을 보호하는 핵심 기제는 전면적 통화 거래(OMT) 프로그램이다. 전면적 통화 거래란 유럽중앙은행이 유로존 국가의 국채를 매입할 수 있도록 하는 정책인데, 이를 활용하려면 아일랜드의 2011년 재정 위기 당시 사례처럼 유럽안정화기구(ESM)로부터 국채 매입 승인을 받아야 한다. 전면적 통화 거래 같은 프로그램의 지원을 받기 위해서는 재정 건전화 조치 등의 조건을 이행해야 함은 물론, 지원을 받은 국가에는 낙인 효과가 발생한다. 이런 장치들은 현재 상황에 전혀 적합하지 않다. 코로나19는 모든 국가에 공동으로 발생한 대칭적 충격이자 재정 적자 확대가 불가피한 상황이기 때문이다.

또한, 평소 같았으면 주요하게 제기되었을 도덕적 해이 같은 문제들도 팬데믹이 야기한, 즉 전적으로 외적인 요인이 유발한 현 상황에는 적용되지 않는다. 도덕적 해이는 전염병이 유행하는 국가들이 수혜를 받으려고 느슨한 재정 규율을 적용한다는 것을 전제로 한다. 이는 현 시국과는 부합하지 않는 논리로, 피에르-올리비에 구랑샤는 "코로나19의 핵산(RNA) 염기서열은 재정 인센티브에 관심이 없고 국경도 상관하지 않는다"고 설명한다.

코로나19의 위기가 개별 국가의 문제인지 아니면 유럽연합의 공동 대응이 필요한 문제인지에 대해서는 이견이 없어야 한다. 유로존은 공동의 재정 프레임워크 하에서 작동하며 공동의 화폐를 사용하기 때문에 위기 상황에서 할 수 있는 대책에 제약이 따른다. 따라서 코로나19로 인한 경제적 파장은 유로존 전체의 문제로 봐야 한다. 뿐만 아니라, 한 국가의 억제 정책은 이웃 국가에 긍정적, 부정적 외부 효과를 갖는다. 가령 이탈리아의 봉쇄 정책은 비록 바이러스의 확산을 막지는 못했지만, 바이러스의 전염 속도를 늦추고 유럽의 다른 국가들이 코로나19에 대비할 수 있는 몇 주의 (그중 대부분은 낭비되었지만) 시간을 벌어줬다.

　유럽이 지금까지 내놓은 정책은 얼마 지나지 않아 부족함이 드러날 것이다. 유럽연합 집행위원회는 유럽연합의 재정 및 국가보조규정의 유연성을 최대화하고 유럽연합의 예산을 동원하는 등 신속하게 위기에 대응했다. 유로그룹은 집행위원회가 코로나 대응을 위한 370억 유로의 투자 이니셔티브를 제안하고 280억 유로의 구조 기금을 추가 조성하겠다는 발표에 지지를 표했다. 또한, 집행위원회가 유럽투자은행을 통해 유럽 기업에 운전자본 대출을 지원하겠다는 계획에도 환영의 뜻을 밝혔다. 단, 이들은 분명한 정책 공조 방안을 아직 발표하지 않은 상태다.

　유럽은 이제 첫째, 코로나19를 극복하기 위한 유럽 회원국의 부담을 나누고 대응 방안을 시원하는 과감한 '재난경감계획' 실행, 둘째, 현 시점에서 금융 분절화가 발생하면 정치적, 경제적, 사회적으로 위험한 연쇄 작용이 일어날 수 있음을 고려해 유로존을 보호할 수 있는 강력한 '지붕' 만들기 등 두 단계의 보다 종합적인 접근 방법을 취해야 한다.

　나중에 후회하는 것보다 미리 조심하는 것이 좋다는 오랜 격언을 명심할 시기다.

유럽의 재난 경감 계획

베나시-퀘레의 연구팀은 코로나19를 극복하기 위한 유럽연합 회원국의 연합된 노력을 지원하는 유럽연합의 '재난 경감 계획'이 필요하다고 주장한다. 이들은 유럽연합이 전반적인 코로나19 긴급 대응 조치의 상당 부분을 직접 관리하고 자금을 지원할 책임을 져야 한다고 설명하며, 특히 다음 분야에서의 책임을 강조한다.

- 병원 인프라, 특히 중환자실 병상 인프라를 확충하기 위한 직접 비용을 지원하고 의료진의 추가 업무 부담에 대한 보상 지급
- 억제 정책과 학교 폐쇄 등 공공 보건 조치 실행으로 발생한 간접적 지출 지원(보안, 부분적 실업 부조 및 특정 산업 분야 지원 관련 지출)

루이스 가리카노는 또 다른 적극적인 계획을 제안한다. 그는 유럽연합 기관들이 유럽 전역의 공공 의료 지출을 5% 확대해 회원국의 공공 의료 지출 부담을 덜어줘야 한다고 주장하며, 이로 인해 약 500억 유로의 비용 부담이 발생할 것으로 예상한다. 또한, 독일의 '바주카포' 재정 프로그램에 맞먹는 통 큰 기업 자금 지원 정책을 마련해 중소기업을 중점적으로 지원해야 한다고 주장한다. 유럽투자은행이 감당할 수 있는 수준을 가정했을 때 해당 정책에 따라 2,750억 유로 규모의 신용 보증 제공이 이뤄질 것이다. 또한, 가리카노는 유럽 전역에서 쿠르츠아르바이트(Kurzarbeit), 즉 단축 근로 프로그램을 실시해 회원국의 단기적 고용 보호 정책을 지원해야 한다고 주장한다. 단축 근로 프로그램의 목적은 기업이 직원을 해고하지 않으면서 유동성을 확보할 수 있도록 하는 것이다. 기업은 직원을 해고하는 대신 직원의 근로시간을 단축하고 (필요하다면 100%까지도 단축 가능), 단축으로 인한 임금(또는 임금의 일부)을 정부로부터 보전받는다.

유럽의 '바주카포'를 위한 재정 지원
가리카노는 이 같은 종합적인 대책 실행에 약 5,000억 유로의 비용이 들 것으로 예상한다. 이는 부채 지속가능성 문제를 거론시킬 만큼 엄청난 규모의 비

용이다. 그렇다면 유럽에서 이 비용을 어떻게 조달해야 할까? 여기에는 다음과 같은 옵션이 있다.

유럽연합 예산 안에서 재배분하는 방법

집행위원회에서 이미 사용하고 있는 유연한 옵션이나, 문제는 예산이 제한되어 있다는 점이다. 유럽연합 예산은 유럽연합 GDP의 1%에 불과하다.

유럽연합 예산 밖에서 회원국이 분담하는 방법

과거 그리스와 유로존 위기가 발생했을 때 유럽연합이 구제 금융을 제공했던 방식이다. 당시 회원국의 상호 협력을 통해 유럽재정안정기금이 조성되었고, 이후 유럽안정화기구로 대체되었다. 단, 기금 참여가 자발적이라 당시 무임승차 문제로 기금 조성이 쉽지 않았다는 단점이 있었다. 코로나19는 그리스, 유로존 위기보다 더 급박한 상황이다.

팬데믹 채권

현 시점에서는 유럽 회원국이 공동 발행하는 팬데믹 채권이 가장 좋은 해법이다. 이 책에 기고한 다수의 저자들도 유럽 공동의 충격에 대응하기 위해서는 채권 공동 발행이 적절한 방식이라는 데 동의한다. 피에르-올리비에 구랑샤는 유럽안정화기구가 공동 채권을 발행해 필요한 의료비 지출을 지원하고, 코로나19로 타격을 입은 국가들이 경제적 혼란을 겪는 것을 방지하는 두 가지 목적을 달성해야 한다고 제안한다. 샤를 위플로즈 역시 공동 채권을 발행함으로써 회원국이 집단적으로 자금을 조달해야 한다고 주장하고 있으나, 모든 회원국이 이제 동의할지는 다소 회의적이라고 덧붙였다.

사람이 먼저, 경제는 그다음

제이슨 퍼먼

하버드대 케네디스쿨

코로나19는 우리 경제 전반에 경험해 본 적 없는 큰 충격을 안기고 있다. 이 거대한 폭풍은 미국, 유럽 전역과 나머지 세계 대부분을 동시에 강타했다. 이 폭풍은 몇 주, 몇 달간 이어지고 있으며 어쩌면 1년 이상 계속될 수도 있다. 폭풍의 일부 원인은 노동자들이 일하지 못하면서 생긴 공급망 단절의 충격이다. 극도로 두려움을 느낀 사람들이 외식이나 여행만이 아니라 경제 전반에 대한 소비를 줄이면서 수요 쇼크도 가세했다. 바이러스의 급격한 확산을 막는 공중 보건 대책은 틀림없이 큰 경제적 비용을 수반할 것이다. 이 비용으로부터 사람들을 보호하고 전염병의 위협이 억제되었을 때 경제가 빠르게 반등할 수 있도록 하는 것이 경제 정책의 역할이다. 이를 위해서는 다면적인 과감한 정책 대응이 필요할 것이다.

가까운 장래에 사람들이 겪을 고통

사람들은 엄청난 피해를 감내하게 될 것이다. 가장 극심하고 중대한 것은 코로나19로 인한 질병과 사망, 그리고 병원 시스템의 과부하로 다른 사람들이 입을 건강상 피해다. 더 광범위한 피해는 산업계와 노동자들에게 미칠 것이다. 팬데믹의 여파로 아예 폐쇄된 기업과 일자리를 잃거나 수입의 극심한 감소를 경험하는 노동자들의 피해가 막대할 것이다.

경기 침체 장기화의 원인은

경제 불황은 팬데믹이 억제된 후에도 상당 기간 지속될 수 있다. 지금 일어나고 있는 일은 소비의 시차배분(Intertemporal Substitution) 현상이 아니기 때문이다. 즉 사람들이 지금 식당에 갈 수 없다고 해서, 전염병이 억제되었을 때 그 보상으로 더 자주 식당에 들르지는 않을 것이다. 경제 문제가 장기화할 수 있다고 보는 데에는 다음과 같은 4가지 이유가 있다.

- 노동 시장의 특성상 실업률의 급격한 상승은 가능하지만, 하락은 그만큼 빠르지 못하다. 예를 들어 미국의 금융 위기 당시 실업률이 4.4%에서 10%로 상승하는 데는 2년 반, 완전히 회복하는 데는 7년이 걸렸다. 이 패턴은 이전의 회복세나 다른 나라에서도 비슷하게 나타났다. 이는 사람들과 직업을 연결하기 어려운 노동 시장 특성에 따른 결과이다.
- 곳곳의 기업들이 파산할 것이다. 그 범위와 규모는 정책 대응에 좌우될 테지만 말이다. 때에 따라 기업 특유의 관리, 노무 및 기타 경영 틀을 서로 단절시키고 그 모든 것을 일시에 붕괴시키는 무질서한 파산을 겪을 수도 있다. 이를 다시 원래대로 조합하기란 쉽지 않을 것이다.
- 금융 기관들은 엄청난 압박을 받을 것이고, 대규모 정책 대응이 없다면 경제 위기는 금융 위기로 변할 수도 있다. 과거 금융 위기 때 은행들은 필수 자본과 추가적인 경기 대응 완충 자본(여러 나라에 있지만, 미국에는 없는 제도)을 비롯해 상당량의 자본을 쏟아부어야 했다. 기업의 신용 제공 한도는 떨어지고, 대출 연장과 상환은 불가능할 것이며, 자금 조달은 점

점 어려워질 것이다. 이 모든 것이 금융 시스템을 동결시키는 위협 요소들이다.

- 전 세계가 큰 충격의 여파를 경험할 것이다. 일부 국가는 다른 나라보다 바이러스를 빠르게 억제하고 경제적 피해와 경제에 수반된 금융 피해를 다른 나라보다 빠르게 복구할 수 있을 것이다. 그러나 개별 국가의 전염병 확산과 경제 위기로 여행 제한은 온 나라의 추세가 될 것이고 세계의 공급망은 계속해서 부담을 지게 될 것이다.

팬데믹 시대 정책이 갖는 3가지 제약

팬데믹 기간 동안 정책은 3가지 제약에 직면하게 된다.

첫째는 불확실성이다. 시간이 지남에 따라 경제의 핵심 구조에 변수가 생길 가능성이 크기 때문에 거시경제 정책은 아무리 최선을 다한다 해도 상당한 불확실성 아래서 운용된다. 더구나 지금은 팬데믹이 얼마나 지속될지, 급속한 확산을 막는데 필요한 단계들은 무엇일지, 이 모든 것들이 경제에 어떤 영향을 줄지, 경제정책이 이 상황에서 얼마나 효과가 있을지 모르기 때문에 거시경제 정책은 엄청난 불확실성 하에서 운용된다고 볼 수 있다.

둘째는 시간이다. 세계의 경제활동 변화는 이제까지 경험했던 그 어떤 것보다 크고 갑작스러워지고 있다. 미국의 주택 거품은 2006년 절정에 달했고, 유럽 금융 기관들은 2007년 여름부터 문제를 겪기 시작했으며, 미국의 경제활동은 2007년 한 해 동안 둔화했고, 베어스턴스(Bear Stearns)는 2008년 3월 구조를 요청했으며, 리먼 브라더스는 2008년 9월 무너졌다. 이렇듯 대부분의 경제 상황은 느리게 전개되었다. 반면, 지금은 매일 팬데믹과 경제 폐쇄에 대한 새로운 소식이 전해진다. 따라서 최대한 빠르게 운용할 수 있는 정책이 필요하다.

세 번째 제약은 역량이다. 금융 위기 때 공무원들은 직장에 출근했다. 현재는 많은 사람이 재택근무를 하고 있고 곧 모두가 그렇게 될 것이다. 많은 사람이 바이러스 확산에 겁을 먹고 심란해하고 있다. 일부는 병에 걸리거나 죽을 것이고, 그렇지 않은 사람은 병에 걸린 사람을 돌보고 세상을 떠난 사람으로 인해 비통함에 잠길 것이다. 이 모든 것은 입법 기관, 재무부, 중앙은행에서 정책을 개발하는 사람들에게도 똑같이 적용된다. 상황이 좋을 때라도 행정적으로 복잡한 새 정책을 시행하는 것은 대단히 어려운 일이다. 더구나 지금은 전혀 좋은 상황이 아니지 않은가.

팬데믹 시대에는 다음 6가지 원칙을 따라 정책을 제정하는 것이 좋다.

1. 지나치게 적은 조치보다는 과도한 조치가 낫다. 지금처럼 '근본적 불확실성' 아래에 있을 때 정책은 지나치게 큰 비용을 쓸 때와 적은 비용을 쓸 때 따르는 위험 분석을 바탕으로 정해져야 한다. 지나치게 큰 비용을 쓴다면 '화폐의 시간 가치(화폐단위가 시간적 요인에 따라 다른 가치를 가지게 되는 것)'가 낭비되는 것을 신경써야 할 것이다. 그런데 현재 실물 금리가 마이너스이므로 화폐의 시간 가치 또한 마이너스라고 볼 수 있다. 반면 지나치게 적은 비용을 쓸 때 따라오는 결과는 사람들의 즉각적인 고통, 그리고 세계 금융 위기를 능가하는 장기적 금융 위기가 될 수도 있다.

2. 가능한 기존의 메커니즘을 사용한다. 프랭클린 D. 루스벨트는 대공황과 싸우기 위해 "대담하고 끈질긴 실험"을 했다. 그 과정에는 10년이 소요됐다. 우리는 팬데믹이 빚은 경제적 결과와 싸우는데 10년이나 투자할 수가 없다. 새로운 지원 경로를 찾기보다는 기존 경로를 사용해 자금을 확대하라. 과거에 시도하여 성공한(최소한 행정적으로라도) 정책을 반복하는 것이 좋다.

3. 필요하다면 새로운 프로그램을 발명한다. 모든 것에 기존의 메커니즘을 활용할 수는 없을 것이다. 예를 들어 미국에는 의무적인 유급 휴가 제도가 없으므로 팬데믹이 닥치면 그런 제도를 고안하고 시행해야 한다. 경제 전반에 걸

쳐 많은 부문에서 일어나는 갑작스러운 수익 중단 사태를 다룰 수 있을 만큼 충분한 메커니즘을 마련해둔 나라는 없다.

4. 대응 과정을 다각화하고 의도치 않은 중복지원이나 부작용을 감수하라. 경제 상황, 정책의 영향, 고안된 새로운 정책의 불확실성을 고려하여 대응을 다각화하는 것이 좋다. 많은 정책을 시도해야 할 것이다. 그중에는 성공하는 것도 실패하는 것도 있을 것이다. 필요치 않은 사람들이나 기업에 돈이 나가고, 심지어는 이중 지급이 발생하며 돈이 낭비되기도 할 것이다. 그러나 중복에 따르는 리스크는 많은 사람이 배제되는 데 따르는 리스크보다 훨씬 작다.

5. 민간부문의 협조를 가능한 한 많이 끌어낸다. 민간부문도 정부와 마찬가지로 여러 가지 제약하에 운영될 것이다. 하지만 민간부문 기업체들은 기존 인프라를 활용할 수 있고, 민첩한 대응이 가능하며, 대응의 다각화가 가능하다. 정부는 직접 대출은 어렵더라도 지급보증을 통해 민간부문의 대출에 협력할 수 있다. 정부에 협조하는 민간부문 기업은 더 많은 물자를 생산하며 금융 혜택을 받게 될 것이다. 이 과정에서 부당한 이득을 얻는 사람이 생기기도 하겠지만, 지금은 완벽한 도덕적 결벽을 따질만한 시기가 아니다.

6. 활발하고 지속적인 대응이 이루어지도록 한다. 피해는 불확실하다. 지역마다 그 종류도 다양하며 장기화할 수도 있다. 지역에 따라 적절한 정책이 마련되어 있어야 하고 필요한 시점, 장소로 확장될 수 있어야 한다. 따라서 정책에는 시점, 장소에 따라 자연히 지속되고 확장되도록 하는 유인이 많을수록 좋다.

어떤 정책으로 대응해야 할까

정책 대응의 정확한 모습은 나라마다 다르겠지만 위에 소개한 원칙들은 어디에서나 똑같이 적용된다. 다음으로 원칙을 운용하는 몇 가지 방법을 소개한다.

- **보건에 대한 투자를 아끼지 않는다.** 병원 시스템, 항바이러스와 백신 연구 등 모든 필요한 분야에 대한 자금지원이 확실히 이루어져야 한다.
- **기존 프로그램을 이용해 선별 지원 하라.** 실업 보험 자격의 확대, 실업 수당의 인상(주당 50달러 이상), 영양 보조 프로그램(SNAP)과 같은 취약 계층을 위한 프로그램을 확대하라. 그 외에도 주(州)에 대한 연방 자금지원은 꼭 필요한 최선의 기제이다. 미국은 메디케이드(Medicaid, 소득이 빈곤선의 65% 이하인 극빈층에게 연방 정부와 주정부가 공동으로 의료비 전액을 지원하는 제도-옮긴이)에 대한 연방 정부의 지원분을 늘려야 한다.
- **가구에 현금을 지원하라.** 많은 사람이 실직, 일시 해고, 급감한 고용률 등에 영향을 받을 것이다. 많은 사람이 기존의 혹은 앞으로 마련된 선별 프로그램에서 소외될 것이다. 가구에 현금을 지급하는 것은 광범위한 도움을 가능하게 하는 대단히 효과적인 방법이다. 단기적으로는 충격을 완화하고, 바이러스 문제가 지나간 후에는 사람들이 지출에 있어 보다 여유를 갖게 해 경제 회복을 촉진하는 데 도움이 될 것이다. 미국의 경우, 성인 한 명당 1,000달러, 어린이 한 명당 500달러 이상 지급되어야 할 것이며, 실업률이 5.5% 아래로 떨어질 때까지는 지원을 계속해야 한다.
- **기업을 지원하라.** 가장 창의성이 요구되는 부분이다. 팬데믹이 지나간 후 기업이 파산을 피하고 고용을 늘려 경제 활동을 재개할 수 있도록 하기 위해서는 정부가 기업 대출의 일부 혹은 전부를 보증하는 대규모 대출 프로그램이 꼭 필요하다. 기업이 정부 행정에 크게 의지하지 않으면서 파산과 청산을 피하고 대규모 기업 개선 작업을 하려면 새로운 절차가 필요할 것이다. 덴마크처럼 정부가 임금의 많은 부분을 직접 책임져 주는 것도 심각하게 고려해봐야 하는 정책이다. 마지막으로 은행들이 새로운 대출을 확대하고, 기존 대출을 연장하도록 하기 위해서는 일시적인 규제 변화뿐 아니라 금융시스템에 대한 안전장치 마련도 필요할 것이다.

맺음말

1월과 2월 그리고 3월 초까지, 너무 많은 정책 결정권자들이 시기적절한 대응을 하지 못했다. 며칠, 심지어는 몇 주씩 뒤처진 대응이 공중 보건 분야에 초래한 결과는 참담했다. 문제가 발생한 초기에 생긴 며칠간의 지연이 기하급수적으로 진행되는 바이러스의 궤적에 엄청난 영향을 주었다.

차츰 상황의 중대성을 파악한 정책 결정권자들이 바이러스의 확산 속도를 낮추고, 사람들을 보호하고, 향후 경제 반등을 위한 대규모 조치들을 시행하고 있다. 지금보다 훨씬, 훨씬, 훨씬 더 많은 것들이 필요할 것이다. 그리고 나는 훨씬, 훨씬, 훨씬 더 많은 것들이 실현될 것이라고 믿는다.

도덕적 해이를 두려워 말라

찰스 위폴로즈

제네바대 국제경제학대학원, CEPR

명확한 시각과 행동하려는 의지는 필요조건일 뿐이다. 무엇보다 세부적인 이행방안이 중요하다. 대부분의 대책이 도덕적 해이를 야기하기 때문에 비난이 나올 수 있을 것으로 보인다. 그러나 위험한 것은 도덕적 해이에 대한 우려 때문에 정책 대응 자체가 탈선하게 되는 일이다. 이것은 크게 우려할 만한 잘못이다.

도덕적 해이가 아닌 병목현상에 집중하라

널리 합의가 이루어진 바와 같이 주요한 분석적 이슈는 단순하고 명료하다. 전염병 유행과 방역 대책이 개인, 기업, 금융기관의 공포 반응과 결합해 초래한 경제적 혼란에 대처하기 위해서는 선별적인 지원이 필요하다. 그러나 거액의 돈을 무차별적으로 살포하는 것은, 그것이 악명 높은 헬리콥터 머니든 근로소득세를 경감해주는 것이든 간에 경제 시스템을 마비시키는 무수히 많은 병목현상을 해결하는 데는 효과적이지 않다.

병목현상 목록이 작성되었고 앞으로 더 추가될 것이다. 필요한 정책 대응은 단순 명료하다. 병목현상을 꽤 여러 개 해결하는 것, 아니 거의 다 해결하는 것으로는 충분하지 않다. 모든 병목현상을 찾아내 해결해야 한다.

지금까지 공개된 결정은 전반적으로 그러한 대책들에 초점을 맞추고 있다. 그런데 여기에는 어떤 잠재적인 위험이 도사리고 있을까?

다섯 가지를 생각해볼 수 있다.

첫째, 병목현상은 세게 당기면 끊어지는 사슬의 약한 고리와 같다.

잘 확인된 좋은 예가 미국의 의료보험 제도다. 만약 대략 2,700만 명에 달하는 비보험자들이 대부분 출근을 하지 않고 치료를 받을 여력도 없다면 전염병의 유행과 그로 인한 경제적 손실은 훨씬 더 악화될 것이다. 왜 미국이 보편적 의료보장을 제공하지 않는 유일한 선진국인지는 '도덕적 해이에 대한 우려'로 설명된다. '개인의 책임'은 취지는 좋지만 의료보험이 없는 무책임한 개인이 책임감 있는 개인을 감염시킬 것이라는 외부성을 무시한다.

둘째, 모든 병목현상을 제거하려면 엄청나게 많은 돈이 든다.

여러 정부가 발표한 다양한 계획들을 이행하려면 GDP의 5%가 소요될 수 있고 그보다 더 많이 소요될 수도 있다. 이는 우리가 효과에 주목하면서 정책 수단을 조심스럽게 설계해야 함을 의미한다.

공적 자금을 효과적으로 지출하는 것은 항상 어려운 일이며 일각에서는 가망이 없는 일이라고 말하기도 한다. 비상 대책이 마련될 때는 더욱 그렇다. 이는 명시적이거나 암묵적인 예산 규칙, 즉 신중한 경영 원칙조차 무시해야 할 것이라는 의미기도 하다. 설상가상으로 우리는 실제로 얼마가 필요할지도 알지 못한다. 또한 그 비용은 계속 증가할 수 있다. 병목현상이 계속 드러날 것이기 때문이다. 실패할 것이 뻔한 일처럼 보인다. 최근 며칠 동안 과감한 대책을 발표할 만큼 충분히 용감했던 정책입안자들은 강력한 반발에 직면할 것이다.

셋째, 자주 그랬듯 위기는 안 좋은 시기에 왔다.

지난 10여 년간 수많은 보고서들이 기업의 (경우에 따라 가계의) 지나치게 높은 부채율, 금융 기관 간의 과도한 레버리징, 지속가능하지 않은 공공 부채에 대해 아주 상세하게 기술했다. 일반적으로 시간을 두고 이러한 취약성을 해결해 나가겠다는 정책적 답변이었다. 여기에는 '앞으로도 시간은 얼마든지 있을 것'이라는 인식이 깔려 있다. 그러나 충격은 갑자기 닥치는 법, 우리는 매우 불편한 상황에 처하고 말았다.

발표된 여러 정책 방안들은 당연히 금융 시스템과 공적 자금을 통한 가계와 기업 대출을 기반으로 한다. 이는 이미 부채율이 지나치게 높은 기업과 가계에 더 많은 부채를 떠안게 만들어서 금융 기관들의 레버리지를 높이고 담보 가치 폭락 후 상황을 더욱 악화할 것이다. 따라서 그런 정책이 실현되려면 마찬가지로 신뢰성이 떨어지는 담보에 공공 보증이 추가로 제공되어야 할 것이다. 아니면 정부가 직접 대출을 해주고 심지어는 아예 전부 떠안아야 할 수도 있다. 여기에서 우리는 다시 엄청난 규모의 도덕적 해이에 직면하게 된다. 호시절에도 부채 문제 해결을 거부했던 동일한 세력들이 신중한 반대 의견을 제기할 것이 확실하기 때문이다.

넷째, 우리기 겪고 있는 것은 경제위기지 금융위기는 아니다.

정부가 앞서 설명한 저항을 끝내 물리친다고 해도 정부의 재정 능력이 뒷받침되어 있어야 한다. 튼튼한 정부 재정도 무한할 수는 없다. 정부는 예산 제약을 유예할 수 있고 그래야 한다. 물론 예산 제약을 완전히 없애기는 어려울 것이고, 결국 없애지 못한 결과를 감당해야 할 것이다. 금융시장에서 차입을 늘리는 과정에서 이미 부채 비율이 높은 국가들은 상당한 재정적 어려움을 겪을 것으로 예상된다. 금융기관도 마찬가지다.

2008년 금융위기 후 은행의 회복력 제고를 위해 재정 건전성 개혁이 추진되었다. 그러나 회복력은 상대적인 개념이다. 다수의 스트레스 테스트를 통해 평가되었지만 현재 전개되는 상황을 포용하기에 충분할 만큼 강도 높은 스트레스 테스트가 이루어졌을까?

금융계가 동요하고 있고, 시장은 이미 공황 상태다. 이런 상황에서 투자자들은 매도를 통해 자신의 포지션을 방어하는 것에서 그치지 않을 것이다. 상당수는 주가가 대폭락한 틈을 타 공매도를 통해 수익을 내려 할 것이며, 이 과정에서 증시는 끝없이 추락할 수 있다. 이 시점에 (사실 훨씬 더 일찍) 모든 시선은 돈주머니가 무한히 깊은 유일한 기관, 중앙은행들로 향할 것이다. 중앙은행은 최후의 보루로서 무한한 금액을 빌려줄 수 있는 잠재력이 있다. 중앙은행이 최후 수단으로 정부, 은행, 기타 금융기관에 돈을 빌려줄 준비가 되어 있다는 것을 더 빨리 알릴수록 시장은 안정되고, 그 결과로 중앙은행의 개입 필요성도 줄어든다. 이 지적은 특히 유럽중앙은행에 의미가 있다. 만약 이 공개적 선언에 반대하는 주장이 있다면 그 주장은 분명 도덕적 해이 발생 가능성을 근거로 댈 것이다.

다섯째, 발표한 모든 정책이 이행되고 모든 병목현상을 파악해 해결하며, 중앙은행이 초기에 금융위기의 싹을 잘라버린다고 가정해보자. 생산 체계는 전염병의 확산이 끝나는 대로 신속하게 제 기능을 회복할 준비를 마칠 것이다.

파산을 최소한으로 막고 고용 계약의 일시적인 유예를 통해 일자리가 지켜지면 사람들은 전염병이 유행하는 기간 동안 아껴둔 돈을 쓰고 기업은 연기했던 투자를 이행하면서 수요 또한 늘 것이다.

경기침체의 더블딥 회피

정부는 위기 상황에서 확대를 허용한 재정 적자를 줄이고 싶어질 때 신중에 신중을 기함으로써 성장 회복을 저해하지 않도록 담보해야 할 것이다. 고전적인 예가 대침체 후 유로존의 더블딥이다. 예산 제약을 유예하면 그 이유가 합당하더라도 도덕적 해이가 발생한다. 섣부른 긴축정책으로 대응해서도 안 되고 방만한 재정 운영을 계속해서도 안 된다. 적절한 균형을 찾는 일은 어려운 과제가 될 것이다.

유로존은 여러 가지 구체적인 도전에 직면해 있다. 현재 조정의 필요성을 외치는 요구가 많다. 어느 정도의 조율이 도움이 될 것은 분명하지만 모든 차원에서 그런 것은 아니다. 병목현상 제거를 위한 자금 투입 등 선별적인 재정대책이 조율의 대상이 되는 것은 적합하지 않다. 대부분의 대책은 확실히 확인된 병목현상을 목표로 해야 한다. 유럽연합의 재정이 통합되지 않은 상태에서 기업과 가계를 지원하는 일은 개별 국가의 능력에 달렸다. 당연한 이유지만 소요 재원이 국민의 세금이기 때문이다.

아울러 이러한 목표들은 지방 단위에서 더 잘 이해하고 효과적으로 해결할 가능성이 더 높다. 몇몇 정부는 이미 부채 비율이 높기 때문에 필요한 자금을 차입하는 것이 불가능할 수 있다. 필요할 것으로 예상되는 금액을 고려할 때 부채 위기의 재발 위험이 크다. 유로는 외화다. 개별 회원국이 유럽중앙은행을 소유하지 않기 때문이다. 여기가 바로 조율이 필요한 지점이다.

한 가지 해결책으로 신규 국가부채에 대한 상호 지급보증이 있다. 또는 유로본드를 공동 발행하여 공동으로 차입을 일으키는 것도 하나의 대안이 될 수 있다. 이것은 유로안정화기금(ESM)에 위탁할 수 있는 기능이지만 유로안정화기금의 재원(GDP의 3.5%)은 너무 제한적이고, 매우 급박한 현재 상황에 비해 만장일치를 요구하는 의사결정과정이 있어 비효율적이다.

안타깝게도 상호 지급보증과 유로본드 발행 모두 도덕적 해이에 대한 우려로 인해 근래에 계속 부결되었다. 사실 공공부채 비율을 낮게 유지해온 나라들은 그렇지 않은 나라들을 보호하려 하지 않는다. 현재의 예외적인 상황에서는 도덕적 해이에 대한 우려를 잠시 내려놓는 것이 마땅할 것이다. 그러나 상황의 긴급성을 고려할 때 수년 동안 열띤 토론의 대상이 되었던 문제에 대한 합의가 이루어질 가능성은 크지 않아 보인다.

맺음말

잠재적인 부채 위기를 피하는 유일한 해결책은 유럽중앙은행이 개별 국가의 중앙은행이 정부에 제공하는 것과 동일한 무제한의 지급보증을 제공하는 것이다. 유럽중앙은행은 발표문에 '무슨 수를 써서라도'라는 문구를 사용하는 것으로 해결책을 실행에 옮겼다. 그러나 현재의 상황과는 공존할 수 없는 단서 조항(재정적자 감소에 초점을 맞춘 기존의 조정 프로그램)을 달았다. 전면적통화거래(OMT, Outright Money Transaction) 프로그램의 단서 조항을 제거하는 것이 가장 필요한 형태의 조율이다.

분명 이러한 해결책은 상당한 도덕적 해이를 동반한다. 도덕적 해이를 과감히 내려놓는 결단은 회원국들이 필요할 때 의미 있는 방식으로 조정하는 능력을 확인하는 시금석이 될 것이다.

막을 수 없다면 억제와 둔화를 택하라

피에르-올리비에 구랑샤
UC버클리

우리는 역사상 유래 없는 대규모의 보건·경제 동반 위기에 직면했다. 바이러스의 대유행을 막는 것이 최우선 과제임을 인정하며 논의를 시작하고자 한다. 자료1은 공중보건 전문가들이 이 문제에 접근하는 방식을 요약한 것이다.

어떤 나라든지 의료체계 수용 능력, 병상 수, 숙련된 의료진, 인공호흡기가 한정되어 있다. 이 한정된 요소들이 '어느 한 시점에 적절히 치료를 받을 수 있는 환자 수'의 상한선을 결정한다(자료1에 직선으로 표시).

지금까지 파악된 코로나19의 전파율을 고려할 때, 전염병의 대유행이 적절한 시기에 건제되지 않으면 의료체계가 빠르게 압도되어 폐 기능이 악화된 많은 감염 환자들이 아무런 치료도 받지 못하고 폐 질환이 악화되는 상황을 겪을 것이다. 치사율도 급등할 것이다. 이는 가늠할 수 없을 정도로 위협적인 사태로 번질 것이다. 2% 치사율을 기준으로 할 때, 의료체계가 압도당하면 세계 인구의 50%가 감염되고 세계 인구의 1%, 즉 7,600만 명이 사망에 이를 것이다. 이 시나리오는 자료1의 빨간색 선에 해당한다. 의료체계 수용 능력을 초과한 곡선은 치사율이 급등할 위험에 직면하는 것을 알 수 있다.

공중보건 역량이 적어도 평균 수준은 되는 국가라면 적극적인 사회적 거리두기를 실천하고, 감염률을 낮추기 위한 위생 수칙을 홍보함으로써 '감염률 곡

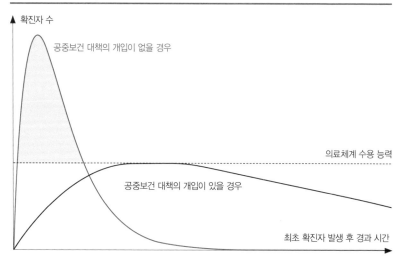

선 평탄화'를 목표로 매진할 것이다. 곡선 평탄화는 대유행의 진행을 지연시켜 더 많은 사람들이 적절한 의료 조치를 받을 수 있게 만들고, 치사율을 낮춘다. 이를 표현한 것이 자료 1의 검은색 곡선이다.

이러한 정책을 실행한 국가는 매우 확실한 성과를 냈다. 대만, 싱가포르, 중국의 후베이성처럼 적극적으로 방역조치를 한 국가는 확진자 수 증가세가 현저하게 둔화했고 지금은 하락하고 있다. 단기적으로 명백하게 옳은 공중보건정책이다. 보건당국이 옳은 결정을 한다고 가정하면 우리는 평탄한 감염률 곡선에 위치하게 된다.

경제적으로는 어떤 영향이 있을까? 감염률 곡선 평탄화 정책은 코로나 확산을 단기에 제어하는 장점이 있으나 경제적으로는 불가피하게 가파른 경기침체를 초래할 수밖에 없다. 중국과 이탈리아를 떠올려보자. 사회적 거리두기를 강화하기 위해 휴교하고 필수 서비스를 제외한 거의 모든 사업장을 폐쇄하면 대부분의 생산가능인력에 집에 있으라는 요구를 해야 한다. 재택근무가 가능한 인력은 전체 노동인구 중 일부분에 불과하다. 재택근무를 할 수 있다고 해도 일과 가정 생활에 상당한 혼란이 발생하고, 생산성에도 영향을 미칠 가능성이 크다. 다시 말해 적절한 공중보건 정책은 경제를 마비시킬 수도 있다. 중국의 모든 지표는 생산과 무역의 극적인 추락을 가리키고 있다.

완벽한 세상이라면 사람들은 자가격리 상태에 들어가 감염률이 현저히 떨어지고 공중보건당국의 상황 종료 발표가 날 때까지 기다릴 것이다. 그 시점에 경제 엔진은 다시 돌아가기 시작할 것이다. 노동자들은 일터로 돌아가고 공장은 조업을 재개할 것이며 선박은 화물을 싣고 항공기는 이륙할 것이다.

그러나 주목할 것은 심지어 그런 완벽한 세상에서조차 경제적 피해는 상당할 것이라는 점이다. 방역대책의 영향으로 경제활동이 한 달 동안 기준선 대비 50% 감소하고 다음 달에 25% 감소한 후, 기준선으로 회귀한다고 가정해보자. 이러한 급격하지만 단기적인 경제활동 감소는 현재 이탈리아나 중국 같은 곳에서 대다수의 노동인력이 집에 격리된 상태라는 것을 감안할 때 무리한 가정이 아니다. 집에 격리되는 기간은 훨씬 더 길어질 가능성도 있다. 이 시나리오는 주요 GDP 수치에 큰 타격을 입힐 것이고, 전년 대비 연간 국내총생산 증가율은 6.5% 하락할 것이다. 25% 수준의 봉쇄를 한 달만 더 연장해도 연간 국내총생산 증가율은 전년 대비 10% 가까이 하락하고 만다.

여러 경제학자들이 지적한 바와 같이 GDP 손실 회복은 쉽지 않은 일이다. 따라서 (경기침체 종료 후 미뤄뒀던 내구재 구매로 지출이 급등할 것을 기대하는 사람도 있겠지만) 경제활동이 급등한다기보다 기준선으로 회귀한다고 가정하는 것이 합리적일 것이다. 2008년 글로벌 금융위기 당시 미국은 국내총생산 증가율이 약 4.5% 하락했다. 글로벌 금융위기가 무색할 정도의 하락을 우리는 곧 목격하게 될 것이다.

2008년 글로벌 금융위기보다 코로나19의 경제적 타격이 훨씬 더 큰 이유는 무엇일까? 금융위기가 정점에 달해 미국에서 한 달에 80만 명이 일자리를 잃어가던 때에도 대다수의 사람들은 여전히 고용되어 일을 하고 있었다. 그때 미국 실업률의 최고점은 겨우 10%였다. 반면에 코로나19는 50% 이상의 사람들이 일을 하지 못할 수 있는 상황을 만들고 있다. 경제활동에 미치는 영향도 그만큼 더 크다. 그러나 우리는 완벽한 세상에 살지 않는다. 오히려 이 정도 강도의 하락세만으로도 경제 전반에 파장이 일어 심각한 피해가 발생할 것이다. 제대로 관리하지 못하면 경제비용이 훨씬 더 많이, 오랫동안 필요할 수 있다.

현대 경제는 회사, 직원, 공급업체, 소비자, 은행, 금융중개인 등 상호연결된 당사자들이 거미줄처럼 복잡하게 얽혀 있다. 누구나 다른 사람의 직원이고 소비자고 채권자다. 갑작스러운 멈춤은 더 쉽게 파급효과를 촉발할 수 있으며 개인적으로는 합리적이지만 집합적으로는 끔찍한 결정이 상황을 더욱 악화시킬 수 있다. 사람들이 스스로 판단하기에 더 중요한 일이 있어 자가격리 지시를 무시하는 행태와 비슷하게, 경제주체들은 훨씬 더 큰 경제침체를 촉발하고 심화하는 결정을 내릴 수 있다.

자가격리된 소비자들은 부득이하게 소비를 줄일 수밖에 없다. 나가지 못해 돈을 쓸 수 없기 때문이다. 또 미래 경제 전망이 불안정할 때는 일반적으로 지출을 더 줄이려는 충동도 느낀다. 그러면 기업은 돈을 벌기가 더 어려워지고 제품의 재고 소진조차 어려워질 수 있다. 레저, 여행, 엔터테인먼트 등 일부 업종에서는 수요 붕괴 현상이 일어나고, 제품 수요가 감소하면 기업은 완전한 붕괴를 피하기 위해 인력 감축 등 비용 절감을 위한 실행에 나설 것이다. 은행은 보유한 포트폴리오에 부실채권이 늘면서 자연스럽게 대출을 줄이려 할 것이고 비금융권의 전망을 더욱 어둡게 만들 것이다. 또 공급업체들은 대금 지불을 요구할 것이며 그 결과 사업체들이 줄도산하고 대량 해고가 늘면서 재정취약성이 심화될 것이다.

진짜 위험은 우리가 몸속의 바이러스 퇴치를 위해 노력하는 동안에도 바이러스가 경제 시스템을 감염시키는 데 있다. 경제에 전이된 바이러스는 원래 바이러스만큼 치명적이지는 않지만 보다 실질적인 피해를 입힐 수 있다. 경제학자들은 바이러스 감염과 경기침체 각각에 외부효과가 존재한다고 말한다. 감염을 조기 종식시키려는 노력은 경제를 침체시키는 부작용이 있다. 급격한 경기

자료 2. 경기침체 곡선 평탄화

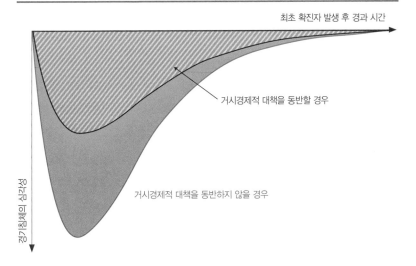

최초 확진자 발생 후 경과 시간

거시경제적 대책을 동반할 경우

거시경제적 대책을 동반하지 않을 경우

경기침체의 심각성

침체를 회피하는 데 중점을 두면 경제주체들이 감염의 위협 속에서 경제활동을 계속함으로써 감염 대확산이라는 부작용이 발생한다. 개별적으로는 합리적인 조치가 집합적으로는 유해할 수 있는 것이다.

결론은 경제 역시 '곡선 평탄화' 문제에 직면한다는 것이다. 적절한 거시경제적 지원이 없을 때 발생하는 하락세의 영향은 자료 2에 주황색 곡선으로 표시되어 있다. 급격하고 강도 높은 경기하강 국면에서 발생하는 생산 손실을 표시한 것이다. 이 현상은 수백만의 경제주체들의 경제적 결정에 크게 영향 받는다. 경제주체들은 지출을 줄이고, 투자를 미루고 신용 거래를 피하는 등 자세를 낮춰 자신을 보호하려 든다. 경제에서는 고립이 부정적인 외부효과에 해당한다.

자료 2에 빗금으로 표시한 영역은 방역 기간 동안 생산 손실이 전반적인 경제활동 손실로 전이되는 '경제적 전염'을 예방할 수 있을 때의 경기하락을 나타낸다. 실제로는 경제적 감염 정도가 심각해 하락폭이 더 커질 가능성이 있다. 주황색 곡선(주황색으로 표시한 영역 포함)은 일단 경제적 전염이 앞서 설명한 여러 부정적인 영향의 순환 고리를 형성해 증폭 기제마저 작동시킬 경우 생길 것으로 예상되는 추가 손실을 표시한 것이다.

보건위기 해결에 도움이 되는 대책들은 단기적으로 경제위기를 악화시킬 수 있다. 보건정책의 수위를 높일수록 문을 닫는 사업장도 늘어난다. 자료 2의 빗금으로 표시한 영역이 넓어진다. 이를 상호교환적인 현상이라고 생각할 수 있지만 실제로는 그렇지 않다. 방역 조치가 전혀 이루어지지 않는다고 해도 경기침체는 결국 일어날 것이다. 보건당국의 적절한 대응 없이 전염병의 대유행을 상대하는 과정에서, 불확실성에 직면한 가계와 기업은 예방적 태도를 취해 경기침체를 부추길 것이기 때문이다.

경제정책은 이러한 '경제적 전염' 예방을 위해 단호하게 행동할 수 있다. 이때 기본적인 목표는 역시 '경기침체 곡선 평탄화'다. 노동 인력의 대규모 격리와 생산 중단이 경제에 미치는 피해를 불가피한 수준으로 제한하는 것이다. 현대 경제학 시스템은 이런 유형의 재난적 붕괴를 예방하거나 제한하기 위해 설계된 여러 안전장치를 갖추고 있다. 그 장치들은 경제 시스템의 '집중치료실, 병상, 인공호흡기' 같은 것이다.

구체적인 예로 중앙은행은 금융권에 긴급 유동성을 공급할 수 있다. 세입을 줄이고 지출을 늘리는 정부의 경제정책 또한 가계와 기업의 재무 상태에 작용하는 경제의 하방 압력을 약화하는 데 도움이 된다. 아울러 정부는 재량권을 발휘해 특정 영역을 재정적으로 지원하거나 경기를 부양하기 위해 보다 광범위하게 혜택이 돌아가는 대책들을 마련할 수 있다. 이런 대책은 자료 2에 묘사했듯이 경제적 손실을 제한함으로써 '곡선 평탄화'에 기여한다.

경제정책이 무엇을 할 수 있고 무엇을 할 수 없는지를 분별하는 것이 중요하다. 경제정책의 목적은 경기침체 요인을 모두 제거하는 것이 아니며 그렇게 할 수도 없다. 경기침체는 발생할 것이고, 그 규모도 거대할 것이다. 그러나 오래 지속되지는 않을 것이다. 대신 부정적인 충격이 증폭되지 않도록 부정적인 영향의 순환 고리를 빨리 끊고 확산의 경로를 차단하는 데 우선순위를 두어야 한다. 제때 끊어내지 않으면 경기침체가 여러 경제 네트워크를 파괴해 경기회복에 오랜 시간을 쓰게 될 것이다.

이러한 관점에서 우선순위를 두어야 하는 영역은 다음과 같다.

첫째, 노동자들은 격리되거나 가족을 돌보기 위해 집에 머무는 것과 상관없이 고용이 유지되고 급여를 받을 수 있어야 한다. 또 이때 해고 수당이 핵심적인 요소로 고려되어야 한다. 해고 수당이 고려되지 않으면 공중보건수칙이 잘 지켜지기 어렵다. 집세, 주택융자금, 보험 등 가계의 기본적인 지출 항목이 존재하기 때문이다.

둘째, 대출 조건을 완화해 기업이 파산하지 않고 위기를 극복할 수 있도록 해야 한다. 일시적으로 세금 납부를 면제해주는 방안도 있다. 또한 대출금 상환을 유예하고 필요 시 직접적인 재정 지원을 제공하는 것도 고려해야 한다.

셋째, 부실채권의 급등에 대비하여 금융 시스템을 지원·보완해야 한다. 그래야 이번 위기가 금융위기로 전이되지 않을 수 있다.

이러한 조치들은 위기의 순환적인 증폭을 막고 경기하락 위험을 제거하거나 대폭 줄일 수 있다. 타이밍이 중요하다. 경제가 셧다운된 상태에서 경제정책은 최대한 신속하게 이행되어야 한다. 재난적 붕괴를 피하기 위해 지금 우리가 과감하게 행동하지 않으면 보건위기 종료 후 대대적인 경기부양책이 필요하게 될 것이고 결국 훨씬 더 많은 비용을 치르게 될 것이다.

타이밍은 다른 차원에서도 중요하다. 엄격한 보건정책은 감염병의 확산을 극적으로 둔화시킬 수 있다. 그러나 인구의 반 이상이 감염병에 노출되지 않은 상태로 남겨진다는 사실도 간과해서는 안 된다. 보건정책을 더 오랜 기간 동안 유지할 필요가 있다. 중국과 대만에서는 확진자가 다시 증가하는 것이 아닌지 의심되는 징후가 나타나고 있다.

경기침체의 규모가 파국까지 가지는 않는다는 전제 아래, 생산시설은 얼마나 오래 셧다운 상태를 버틸 수 있을까? 계산해본 바로는 코로나19 이전 대비 한 달 동안 50%, 두 달 동안 25%면 국내총생산이 연간으로 벌써 10% 가까이 감소한다. 75% 가동률이 두 달 더 계속되면 연간 국내총생산에서 추가로 5% 정도가 감소할 것이다. 이는 올바른 전략의 필요조건이 역동성에 있음을 시사한다. 자료 1에서 본 것처럼 재정정책의 일차적인 목표는 '의료체계 수용 능력 키우기'가 되어야 한다. 자료 1 점선의 높이를 위로 올리면 보다 많은 환자들을 돌볼 수 있을 뿐만 아니라 방역대책 실행에도 여유가 생긴다. 이는 공중보건 차원의 대응 강도를 낮추지 않으면서 경제에도 직접적인 도움을 준다.

이런 조치는 불가피하게 막대한 재정 지출을 초래할 것이다. 1차적인 예상치를 기준으로 볼 때 정부는 국내총생산 손실만큼의 규모로 소득을 지원할 필요가 있다고 판단된다. 만약 총 손실이 연간 국내총생산의 10%라면 그에 필적하는 수준의 재정 자원이 투입되더라도 놀라지 않을 것이다. 여기에서 의료비용 지출은 별도로 계산한다. 비교목적상 영국을 예로 들면 영국의 390억 달러 부양책 발표에 시장이 환호했는데, 그 정도는 영국 국내총생산의 겨우 1.5%에 불과하다.

우리는 이 문제에 대해서 걱정해야 할까? 병상, 인공호흡기, 의료진의 수로 의료체계 수용 능력이 제약받는 것처럼 거시경제적인 측면에서도 우리가 할 수 있는 일이 제약을 받을까?

나는 예외는 있을 수 있지만 그렇지 않다고 주장한다. 미국 국채 10년물 금리는 0.88%며, 유로존의 국채금리도 비슷하게 낮은 수준이다. 국내총생산 대비 부채 비율이 10% 증가하더라도 연간 이자비용은 국내총생산의 0.1% 증가 정도다. 붕괴 직전인 경제를 지원하기 위해 부채를 늘릴 때가 지금이 아니라면 과연 언제인지 의문이다.

대부분의 선진국 경제는 공적 부채의 그런 일회성 증가를 감당해낼 수 있을 것이다. 그런데 중요한 예외가 있다. 유로존에는 이탈리아처럼 국가채무 비율이 높고 긴축재정이 요구되는 나라들이 있다. 유로존이 이런 노력을 지지할 것이라는 강력한 신호가 나와야 한다. 그것은 여러 가지 형태로 이루어질 수 있다.

첫째, 유럽집행위원회가 일시적으로 예산 규정을 철회해 이탈리아 같은 나라가 재정적자 규모를 확대할 수 있게 허용할 것으로 보인다. 그러나 이것만으로는 충분하지 않다. 이탈리아의 높은 국가채무비율과 현재 금융환경의 취약성을 고려할 때 확실한 후방지원이 필요하다. 유럽중앙은행은 전면적통화거래(OMT) 제도로 상당한 수준의 지원을 해낼 것으로 보인다. 원래 전면적통화거래는 일종의 이행 프로그램을 동반하는데, 지금은 그런 절차를 밟을 때가 아니다.

유럽은 현 위기가 '이탈리아적'이지 않지만 '우리 모두 이탈리아인이다'라는 관점에서 접근할 문제도 아니라는 것을 인식해야 한다. 프랑스와 독일 등 다른 유럽 국가도 머지 않아 같은 상황에 봉착할 것이기 때문이다. 그렇다면 적절한 대응은 (가능하면 유로안정화기금을 통해) 유로본드를 발행하는 것이 될 것이다. 발행 목적은 첫째, '필요한 의료비용 조달', 둘째, '타격을 입은 국가들의 경제적 혼란 방지'로 구체화할 수 있다.

유로존의 여러 회원국은 유로본드 발행에 반대한다. 주요한 반대 이유 중 하나로 도덕적 해이를 든다. 다른 회원국들이 비용을 부담할 것이라 생각하게 되면서 향후 재정 관리가 충분히 엄격하게 이루어지지 않을 것이라는 잠재적 위험을 꼬집는다. 코로나19로 인해 발생한 고충을 생각할 때 그런 반대 의견에 힘이 실리기는 어렵다. 분명 어떤 국가도 유로본드 지원을 비난할 수 없을 것이다. 결국에는 다른 국가들 또한 그 수혜를 입게 될 것이기 때문이다.

유로존의 '코로나19 채권'은 유럽국가들이 공동의 충격에 직면한 뒤 가장 약체인 회원국을 돕기 위해 나서겠다는 강력한 신호가 될 것이다. 또한 경제적 신뢰를 회복하고 영향을 받은 모든 유럽국가의 보건당국이 진짜 전투를 해내게 만들 것이며 통화정책 수단을 동원하는 것보다 더 강력한 힘을 발휘할 것이다.

특수목적채권으로 유로본드를 발행하는 것이 유럽 정책입안자들이 건너기에 너무 넓은 강이라면 다른 대안이 있다. 국내총생산의 10%에서 20%에 해당하는 메가톤급 국채 발행이 그 대안이다. 유럽중앙은행이 양적완화 확대의 일환으로 국제공조를 통해 이를 추진하면 절실히 필요한 재정적 여력을 확보할 수 있을 것이다.

대규모 채권 발행은 여러 개발도상국과 신흥국가에도 필요한 조치일 수 있다. 선진국들이 IMF 같은 국제기구에 필요한 재정적 조력을 기꺼이 제공해 가능한 한 신속하고 효율적으로 지원이 이루어지도록 힘써야 한다. 전 세계 여러 신흥국가의 감염률이 통제를 벗어나면 그 외 지역에서 통제를 회복하기가 훨씬 더 어렵게 된다. 지금 재정적 지원을 하는 것이 국가의 미래 재정 악화 위험을 줄일 수 있다.

맺음말

핵심은 임박한 경기침체를 억제하기 위해 과감한 정책 드라이브가 필요하다는 것이다. 시작은 공중보건정책을 운전석에 앉혀 바이러스의 신체적 전염을 제한하는 것이다. 그러고 나서 재정정책과 금융정책은 보건정책이 경제 시스템에 미칠 파장을 고려해 경제적 전염을 예방하도록 설계되어야 한다. 지금은 신중할 때가 아니다.

정책 타깃을 느슨하게 잡아라

기타 고피너스
IMF

코로나19 확산 여파로 인적 비용이 빠른 속도로 증가하고 있으며 확진자가 발생한 국가도 늘고 있다. 가장 중요한 목표는 사람들의 건강과 안전을 지키는 일이다. 국가는 개인보호 장비, 선별 검사, 진단 검사, 추가 병상 등 자국의 보건 체계를 강화하기 위한 지출을 확대함으로써 목표를 이루기 위한 노력을 할 수 있다. 바이러스 백신이 없는 상태에서 여러 국가는 여행 제한, 일시적 휴교, 확진자 격리 등 바이러스의 확산을 막기 위한 조치를 취하고 있다. 이런 조치들은 시간을 벌어 보건체계가 짊어진 과도한 부담을 완화해주는 역할을 한다.

확산세가 심한 국가들에서 나타나고 있는 경제적 영향

코로나19의 경제적 영향은 확산세가 가장 심한 국가들에서 이미 가시화되었다. 중국에서는 2월, 제조 및 서비스 시장이 크게 위축됐다. 제조업의 위축은 글로벌 금융위기가 시작되던 시기와 비슷한 양상을 보이는 반면 사회적 거리두기의 영향을 크게 받은 서비스업은 글로벌 금융위기 때보다 더욱 크게 위축된 것으로 보인다.

제조 및 서비스 부문의 활동이 급격히 둔화되었다.
서비스 부문이 제조 부문에 비해 더 큰 타격을 받았다.

(제조업 구매관리자지수, 계절 조정치, 50+=경기확장)

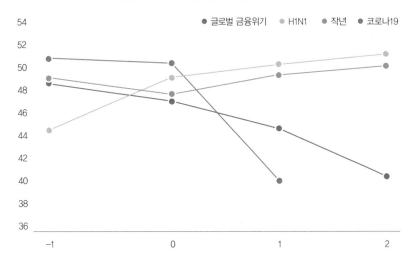

(서비스업 구매관리자지수, 계절 조정치, 50+=경기확장)

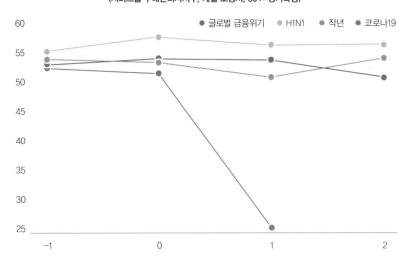

출처: 해이버 애널리틱스 및 IMF 내부 산출수치
주: x축은 해당 사건 이후로 경과된 개월 수를 나타내며 t=0는 최초로 영향을 받은 달이다. 각 사건의 시작월은 다음과 같다.
코로나19: 2020년 1월, H1N1: 2009년 4월, 글로벌 금융위기: 2008년 9월, 작년: 2019년 1월

자료 2. 운송비

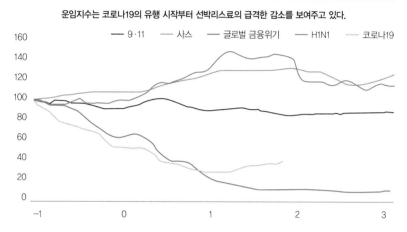

운임지수는 코로나19의 유행 시작부터 선박리스료의 급격한 감소를 보여주고 있다.

출처: 해이버 애널리틱스 및 IMF 내부 산출수치
주: x축은 해당 사건 이후로 경과된 개월 수를 나타내며 t=0는 최초로 영향을 받은 달이다. 기초자료는 일별 통계를 바탕으로 한다.
각 사건의 시작일은 다음과 같다. 코로나19: 2020년 1월 11일, H1N1: 2009년 4월 15일, 글로벌 금융위기: 2008년 9월 15일,
사스=중증급성호흡기증후군: 2002년 11월 16일, 9·11: 2001년 9월 11일

건설자재와 원자재의 전 세계 수요와 공급 또한 하락세를 보이고 있다. 유례없는 바이러스 봉쇄 노력과 함께 경제활동 둔화 양상이 반영된 현재의 수요 및 공급 수준은 글로벌 금융위기가 가장 심각했을 당시의 수준과 비슷하다. 이 하락세는 최근의 다른 전염병이 발생했을 때나 9·11 테러가 일어났을 때도 나타나지 않았던 규모다.

수요와 공급 충격

코로나19의 확산은 수요와 공급에 충격을 주고 있다. 기업 생산량이 하락했고 소비자가 지출을 꺼리면서 수요도 감소하고 있다. 공급을 따지면 휴교가 육아를 담당하는 인력에, 사망률 증가가 근로자의 노동력에 직접적인 타격을 주었다. 그러나 경제활동에 더 큰 영향을 미친 요인은 봉쇄와 격리 등 바이러스

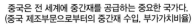

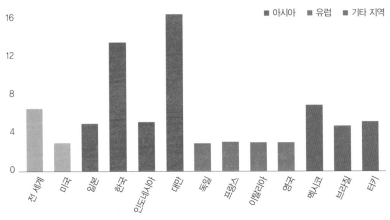

중국은 전 세계에 중간재를 공급하는 중요한 국가다.
(중국 제조부문으로부터의 중간재 수입, 부가가치비율)

출처: IMF, 세계투입산출데이터베이스(2014) 기반 자료

확산을 막기 위한 조치다. 이로 인해 공장가동률이 감소했기 때문이다. 이뿐만 아니라 공급사슬에 의존하는 기업들은 국내 또는 해외 시장에서 필요 부품을 공급받지 못할 수 있다. 특히 중국은 전자, 자동차, 기계와 장비 부문에 걸쳐 여러 국가에 중간재를 공급하는 중요한 역할을 하고 있다. 중국의 생산 차질은 이미 후방산업 기업에 연쇄 반응을 불러일으키고 있으며 전 세계적으로 기업비용의 증가, 생산성 충격을 유발하고 있다.

수요 측면에서는 소득 손실, 전염의 두려움, 불확실성의 고조 여파로 지출이 줄고 있다. 기업들은 급여 지급이 어려워지면서 근로자 해고를 고려할 수도 있다. 이러한 여파는 이탈리아의 사례로 알 수 있듯이 관광 및 숙박업 같은 일부 부문에서 특히 두드러지게 나타날 수 있다. 2020년 2월 20일 미국 주식시장에서 대폭락이 시작된 이래로 항공주가 특히 크게 하락했다. 그 하락폭은 9·11 테러 이후와 비슷한 정도로, 글로벌 금융위기 이후의 하락세만큼 크지는 않았다. 이러한 특정 부문에 미친 영향에 악화된 소비자와 기업 심리가 더해져 기

자료 4. 미국 증시 반응

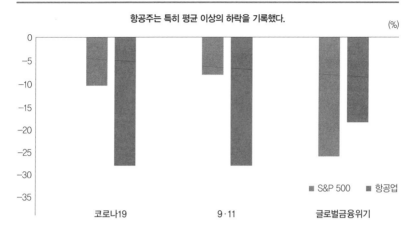

항공주는 특히 평균 이상의 하락을 기록했다.
(%)

코로나19   9·11   글로벌금융위기

■ S&P 500   ■ 항공업

출처: 블룸버그 파이낸스 LP 및 IMF 내부 산출수치
주: 영업일 10일 후의 증시 반응. 각 사건의 시작일은 다음과 같다. 코로나19: 2020년 2월 20일, 9·11: 2011년 9월 10일.
글로벌 금융위기: 2008년 9월 26일(이후 S&P 500 지수가 열흘 간 가장 큰 폭으로 하락했다.)

업들은 수요 감소를 확신하고 지출과 투자를 감축할 것이다. 이에 따라 폐업과
실업 사태 또한 심화될 것으로 예상한다.

금융시장에의 영향과 확산효과

최근 며칠간 보았듯이 차입비용이 증가하고 금융상황이 긴박해질 수 있다.
은행들이 정기적으로 부채를 상환할 수 있는 소비자와 기업들의 능력에 의구심
을 가질 수 있기 때문이다. 차입비용의 증가는 지난 몇 년간 저금리가 쌓아 올
린 금융시장의 취약점을 노출할 것으로 보인다. 이에 따라 부채의 만기연장을
중단시킬 가능성도 생긴다. 신용공급 감소는 수요 및 공급 충격으로 인한 경기
침체 양상을 극대화할 수 있다.

이 같은 충격이 여러 국가에서 동시다발적으로 발생할 때, 국제무역과 금융

의 연결고리로 인해 그 부정적 여파는 확대될 수 있다. 전 세계 경제활동이 둔화하고 원자재 가격이 떨어질 것이다. 최근 몇 주간 유가는 큰 폭으로 하락했으며 올해 초와 비교해 약 30% 낮은 수준에 머물러 있다. 해외에서 주로 자금을 조달해온 국가들은 갑작스러운 외화 조달 중단 사태와 시장 질서 교란 위험을 떠안을 수 있으며 외환 개입이나 임시자본유동대책이 필요해질 가능성도 배제할 수 없다.

선별적 경제정책이 필요하다

코로나19의 경제적 영향은 특정 부문에서 발생한 심각한 충격에 의한 것이다. 이를 고려해 정책입안자들은 어려움에 직면한 가계와 기업들을 지원하기 위해 실질적인 재정, 통화 및 금융시장에 대한 선별적인 조치를 실시할 필요가 있다.

공급 차질과 수요 감소로 타격을 입은 가계와 기업들을 대상으로 현금 지원, 고용보조금, 세금감면 조치를 실시하여 가계들이 생계를 유지하고 기업들이 계속 생존할 수 있도록 해야 한다. 실례로 이탈리아는 코로나19 발생 지역의 기업들에 세금 납부기한을 연장했으며 해고 근로자들의 소득을 보전하기 위해 임금보조기금 규모를 확대했다. 한국은 소상공인에 대한 임금보조 제도를 도입했고 아동수당과 구직수당을 추가 지원한다. 중국은 기업에 사회보장부담금을 일시적으로 면제해주었다.

또 실직자를 위한 고용보험의 기간 확대와 자격 조건 완화 등 고용보험제도의 개선도 방법이 될 수 있다. 유급병가와 가족돌봄휴가가 기본적으로 보장되지 않는 국가의 정부는 코로나19 유행 기간 동안 아픈 근로자 또는 그들을 간병하는 사람들이 실업 걱정을 하지 않도록 급여 지원도 고려해야 한다.

중앙은행은 은행과 비은행 금융기관에 충분한 유동성을 공급할 준비가 되어 있어야 한다. 특히 갑작스러운 충격에 취약한 중소기업 지원도 중요하다. 정부는 중소기업들에 일시적이며 선별적인 신용보증을 제공해 단기 유동성을 공급할 수 있다. 한국은 중소기업의 자금난 해소를 위한 대출 지원·보증 대책을 실시하고 있다. 또 금융 규제·감독 당국도 일시적이며 한시적인 대책으로 대출 만기연장을 권고할 수 있다.

금융상황의 대규모 긴축에 시장도 위험해질 수 있다면 정책금리 인하 또는 자산매입 같은 더욱 광범위한 통화부양책이 금융시장의 신뢰를 높이고 시장을 지킬 수 있다. 대형 중앙은행들이 취약한 국가들을 위해 유익한 파급효과를 발생시키는 조치도 도움이 된다. 재정 여력을 고려한 전면적 재정부양책은 총 수요를 진작하는 데 도움을 줄 수 있지만 이는 기업 활동이 정상화되기 시작할 때 큰 효과를 보일 것이다.

코로나19가 많은 국가로 확산되고 있다는 점, 높은 대외의존성과 상호연결성, 신뢰 효과가 경제활동, 금융시장 및 원자재시장에 미치는 큰 영향을 고려할 때, 국제기구를 포함한 국가간 상호 조율을 통한 국제적 대응이 반드시 필요하다. 국제사회는 공중보건역량이 부족한 국가들이 인도주의적 재난을 피할 수 있도록 도와야 한다. IMF는 다양한 대출제도로 공중보건역량 부족 국가들을 지원할 준비가 되어 있다. IMF는 500억 달러에 이르는 긴급자금 지원을 신속히게 진행해 저소득국가와 신흥시장국가를 지원할 수 있다.

헬리콥터 머니를 사용할 때

호르디 갈리
CREI, 폼페우파브라대학교, CEPR

코로나19가 여러 국가로 빠르게 확산된 뒤 각국은 보건 시스템에 대한 거대한 도전에 직면했다. 현실적인 모든 시나리오를 감안할 때, 많은 사망자가 나올 것으로 예상되고 있다. 모든 중환자들을 집중치료할 수 없어 사망에 이르는 환자의 수도 상당할 것이다. 이 때문에 각국 정부는 자가격리, 여행 제한, 식당과 영화관 영업 중단, 야외행사 연기 같은 조치를 취해 코로나19의 확산을 막기 위한 노력을 기울이고 있다. 물론 이런 조치는 필요한 것이지만, 이로 인해 경제는 직접적인 영향을 받게 될 것이다.

가장 먼저 부분적으로, 특히 활동이 중단된 부문에서 생산과 판매에 직접적인 타격을 입을 것이다. 원자재와 노동력을 이용할 수 없어 공급에 차질이 생기고 보건 조치에 따른 비자발적 소비 행태 변화가 수요 감소를 이끌 것이다.

GDP의 직접적 손실도 불가피하다. 현 상황이 한두 달 이상 지속되면 지난 금융위기 때 경험한 정도 혹은 그 이상의 생산량 누적손실이 발생할 수밖에 없다. GDP의 직접적인 손실은 코로나19 사태가 발생하는 동안 재화와 용역의 소비 감소 추세에도 큰 영향을 미칠 것이다. 이 손실은 비교적 감당할 수 있는 손실이다. 그러나 생산량 감소로 고용이 크게 감소하면 결국 소득과 소비의 손실로 이어지고, GDP의 직접비용은 간접효과의 영향으로 크게 늘 수 있다.

한편 기업들은 휴업 기간에도 은행 차입을 통해 급여를 변동 없이 지급하고 임대료와 이자 같은 고정비를 지출하려 할 것이다. 그러나 은행은 지급 불능, 재무 상태 악화 가능성을 우려해 대출 지급을 꺼릴 가능성이 있다. 은행이 기업에 추가 자금을 제공할 경우 대출로 인해 부채가 늘어난 기업은 재무 상태가 악화되고 머잖아 파산할 가능성도 있다.

코로나19 위기가 경제에 미치는 간접적·장기적 영향을 최소화하기 위해서는 문제의 규모에 상응하는 신속하고 선별적인 정책 대응이 필요하다. 정부가 적극 나서서 피해 기업과 자영업자에게 부채 부담을 안기지 않고 급여와 불가피하게 들어가는 필수 비용을 지불할 수 있도록 기금을 지원하는 것도 한 가지 방법이 될 수 있다. 이때의 지원은 비자발적 휴업 기간 동안 비상환 이전 소득의 형태로 지급하는 것이 바람직하다. 즉각적·영구적 세금감면이 고려되어야 한다.

그러나 불행히도 이런 전략은 문제의 책임을 정부만 떠안는 결과를 야기할 수 있다. 정부는 세금을 인상하거나 가계와 기업의 부담을 가중시켜 역효과를 유발할 수 있다. 또 생산성에 역행하는 자본시장에서의 차입 때문에 더 큰 부채 부담을 안게 된다(이후에는 더 많은 세금을 거둬야 할 것이다). EU가 추가 차입에 대한 제한을 완화한다고 해도 이것은 위험한 전략이다. 심각한 피해를 입은 국가 대부분의 부채 비율이 높아(GDP의 100%를 초과하는 경우도 있다) 부채 위기가 발생하고 확산될 위험이 있기 때문이다.

양적완화 프로그램의 확대를 통해 신규 발행 채권을 중앙은행이 최종적으로 대량 매입하게 되면 분명 부채를 흡수할 수 있을 것이다. 그러나 이 조치는 정부의 부채 비율 상승을 막을 수 없으며 일부 국가의 공공재정이 지속불가능한 길을 걷게 만들 수 있다.

다행히 이런 긴급 재정 프로그램 자금을 충당하는 데 있어 증세 또는 정부 부채를 기반으로 하는 전략을 대신할 대안이 있다. 경제학자와 정책입안자들이 금기시하는 그것, 바로 중앙은행이 필요하다고 간주할 때 추가 재정 이전을 통한 직접적 비상환자금 투입, '헬리콥터 머니'로 알려진 개입이다.

중앙은행들은 화폐 형태 또는 중앙은행 계좌에 입금하는 형태로 돈을 만들 수 있는 능력이 있다. 일반적 약정을 따르면 은행과 정부만이 중앙은행에 계좌를 보유할 수 있다. '헬리콥터 머니 사용'은 긴급 재정 프로그램이 시행되는 동안 중앙은행이 정부의 계좌에 추가적인 이전 금액을 입금하는 것을 의미한다. 이 입금 거래는 상환 조건이 없는 거래다. 회계적 관점에서 입금액은 중앙은행 자본의 감소로 계상하거나 대차대조표의 자산란에 영구적인 주석(Annotation)으로 남는다. 이 거래가 정부에 정기적으로 이전되는 중앙은행의 이익에 영향을 미쳐서는 안 된다는 의미다. 특히 준비금의 금리가 0에 머물러 있을 때도 마찬가지다. 중앙은행에서 정부로의 이전은 중앙은행이 정부 채권을 매입하고 이를 즉시 탕감해 정부의 유효채무에 더 이상 영향을 미치지 않는다는 점에 유의한다.

화폐 발행으로 재정을 충당하는 개입은 여러 문제를 야기할 수 있다.

첫째, 이러한 정책을 도입하는 데 있어 실무적인 부분에서 어려움이 있을 수 있다. 각 기업에 이전할 금액을 빠르게 결정하는 일도 그중 하나다. 그러나 이 문제는 많은 국가가 겪고 있는 거시경제적 난관에 비하면 비교적 가벼워 보이며 의지가 있다면 충분히 극복할 수 있는 문제다.

둘째, 이러한 개입은 많은 국가에서 위법으로 간주될 수 있다. 특히 통화정책이 (일시적으로라도) 재정당국의 필요에 의해 결정된다는 사실은 중앙은행의 독립성 원칙에 명백히 위배되는 것으로 인식될 수 있다. 하지만 신성하게 여기던 규칙들이 예외적인 상황에서 완화된 사례들이 이미 있다. 유럽중앙은행은 유럽 부채 위기 때 정부채 매입 결정을 내렸다.

마지막으로 법적 문제를 차치하더라도 정부가 이러한 정책을 반복적으로 사용할 경우 인플레이션 편향과 개인의 행동 변화를 유발하여 정책의 효과가 약화될 가능성이 있다. 그러나 현재 시점에서 이러한 문제들을 우려해서는 안 된다. 화폐 발행에 의존하는 것은 보건 위기와 관련한 비상조치를 실시하는 기간으로 철저히 한정할 수 있다. 중앙은행은 이 원칙을 언제나 준수하기로 약속할 수 있다. 이것은 중앙은행의 평판이 걸린 문제기도 하다.

맺음말

화폐 발행을 통한 재정적 개입은 강력한 도구다. 정책입안자들은 앞에서 언급한 주의사항들을 염두에 두고 비상상황에만 이 수단에 의존해야 한다. 즉 다른 선택지의 효과가 없거나 현재 또는 장래에 바람직하지 않은 결과를 가져올 것이 분명할 때 고려해야 하는 방안이다. 코로나19가 비상상황을 촉발했다. 지금이 헬리콥터 머니를 사용할 때다.

주식시장을 보면
코로나19 결과가 보인다

스테파노 라멜리
취리히대학교

알렉산더 와그너
취리히대학교, 스위스금융연구소, CEPR

코로나19의 창궐은 '대수롭지 않게 여긴 위험 때문에 발생한 대사건'의 주요 사례로 역사에 기록될 것이다. 2020년 1월 15일 세계경제포럼(WEF, 다보스포럼)에서 〈2020 세계위험보고서〉가 발표되었다. 감염병 주제는 영향력 면에서 10위에 올랐지만, 사람들의 주목을 크게 받지 못했다. 기업의 의사결정자와 정치인들은 기존 비즈니스 리스크 원인에 주로 관심을 보이며 환경 문제를 강조했다. 하지만 불과 몇 주 만에 그들의 관심 대상은 극적으로 바뀌었다.

코로나19가 일반 대중의 신체와 정신 건강에 미치는 막대한 영향을 생각하면, 경제 및 재정적 영향은 부차적인 것처럼 보일 수도 있다. 그러나 경제적 영향이 가장 중요해질 수 있다. 경제학자들이 이런 결과를 고려하기 시작하고 있다. 매키빈과 페르난도는 일반균형모델의 분석틀을 활용해 여러 가지 시뮬레이션을 통해 다양한 시나리오가 거시경제에 미치는 영향을 검토했다. 이전 연구도 가치 있는 통찰을 제시한 바 있다. 예를 들어 아다(Adda)의 2006년 논문은 프랑스에서 발생한 많은 바이러스성 질병을 분석하고, 학교 폐쇄나 대중교통망 폐쇄 같은 정책들이 미치는 영향을 평가했다. 본질적으로 예측은 어렵다. 질병 확산과 정책 대응, 개인 행동에 대한 정보가 잘 드러나지 않기 때문이다.

코로나19 유행 같은 대사건의 결과를 추정하기 위해 '자산 가격의 변동을 검토하는 것'이 중요하다. 이런 자산 가격의 변동은 현재 시점의 기대를 반영한다. 그런 까닭에 연구자는 모든 미래 현금 흐름과 할인율 변화를 각각 조사하지 않아도 된다. 실제적으로 자산 시장은 미래에 예상되는 결과에 대한 큰 위험까지 포함한 전망을 이미 제공해주고 있다.

잠복, 창궐, 대유행

새로 발표된 논문에서 우리는 코로나19 창궐에 대한 주가 반응을 처음으로 검토했다. 우리는 코로나19의 진행을 세 시기, 즉 잠복기(2020년 1월 2일부터 1월 17일까지), 창궐기(1월 20일부터 2월 21일까지), 발열기(2월 24일부터 적어도 3월 6일까지)로 나누어 조사했다.

- 잠복기: 2019년 12월 31일, 중국 우한시에서 발견된 폐렴 환자들이 WHO에 처음 보고되었다. 화난해산물도매시장에서 판매된 야생동물이 이 바이러스의 원인일 수도 있다고 밝혀진 후, 중국 보건당국은 이 시장을 폐쇄했다. 이런 일들이 벌어진 뒤 첫 번째 거래일이 2020년 1월 2일이었다.

- 창궐기: 1월 20일, 중국 보건당국은 이 코로나19가 사람과 사람 사이에 전파된다는 것을 확인했고, WHO는 창궐에 관한 첫 상황 보고서를 발표했다.

- 대유행기: 2월 23일, 이탈리아는 롬바르디아(유럽에서 인구가 매우 많고 생산적인 지역 중 하나) 주민 약 5만 명의 이동을 엄격하게 제한했다. 이는 2월 22일에 코로나19로 인한 사망자가 처음으로 기록된 후 창궐을 통제하려는 시도였다.

창궐기와 대유행기를 촉발한 사건들로 인해 시장 관계자들의 관심이 크게 바뀌었다. 자료 1을 보면 실적발표회에서 기업 관리자와 분석가들이 코로나19 감염증에 관심을 기울이기 시작한 때가 1월 20일 이후임을 알 수 있다. 1월 22

자료 1. 코로나바이러스에 대한 전 세계의 관심

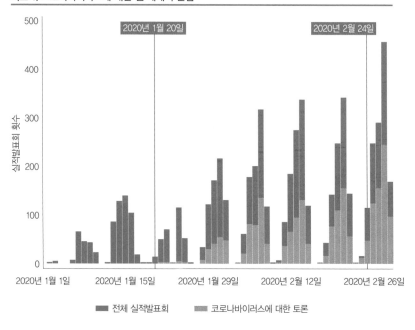

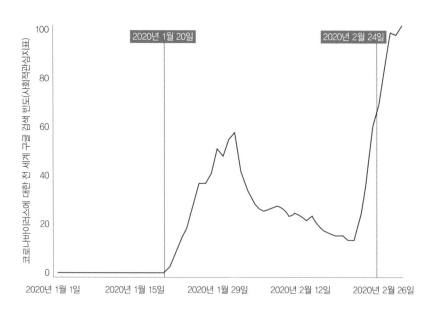

일, '코로나바이러스'나 '코로나19', '2019-신종코로나바이러스', '사스-코로나바이러스-2'라는 키워드를 논의한 첫 번째 국제 콘퍼런스콜이 있었다. 시간이 흐르면서 이 주제들을 논의하는 기업의 비율이 크게 늘어 창궐기가 끝날 무렵에는 약 30%까지 증가했다. 대유행기에 들어서면서 그 비율은 대략 50%까지 올라갔다.

전 세계적으로 '코로나바이러스' 구글 검색 빈도가 1월 20일 이후로 크게 늘었다. 1월 말에 중간 정점에 도달한 후 다소 가라앉았지만, 대유행기가 시작하면서 검색 빈도는 다시 가파르게 상승했다.

국가별·산업별 주식수익률

우리는 2020년 1월과 2월에 걸쳐 중국, 미국, 유럽 그리고 중국을 제외한 아시아에서 산업별 수익률을 대상으로 분석을 시작했다(미국을 포함해 이용할 수 있는 최신 자료를 사용했다). 대개 원수익률을 사용하는 언론의 토론들과 달리, 우리는 CAPM-조정 수익률을 평가했다. 이것은 전체 시장에 대한 한 기업의 익스포져(리스크에 노출된 금액)를 조정한 수치다.

자료 2는 중국(상단 그래프)과 미국(하단 그래프)의 산업별 평균 누적 수익률을 나타낸 것이다. 그래프에서 보면 에너지와 소매업, 운송업은 중국과 미국 모두에서 손실을 보았다. 하지만 헬스케어는 두 나라 모두에서 큰 수익을 얻었다. 물론 국가에 따라 차이를 보이는 산업도 있다. 예를 들어 반도체 부문의 경우 중국에서는 수익률이 급증했지만, 미국에서는 손실을 기록했다. 반면에 공익사업은 중국에서는 손해를 보았고 미국에서는 큰 수익을 얻었다.

다음으로 우리가 고려한 점은 이런 수익률이 현실화된 시기다. 이 문제를 위해 우리는 미국의 반응을 조사했는데, 코로나 사태 초기에는 직접적인 영향을 받지 않았다. 그러나 이는 초기 상황일 뿐 지금은 질병이 확산되고 있고 체계적

자료 2. 중국과 미국의 산업별 주식수익률(2020년 1월~2월)

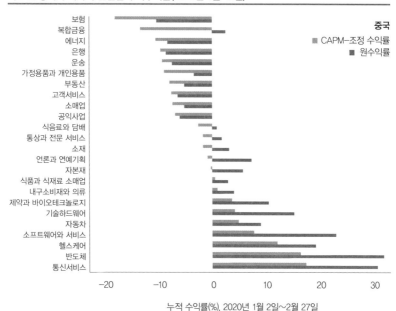

누적 수익률(%), 2020년 1월 2일~2월 27일

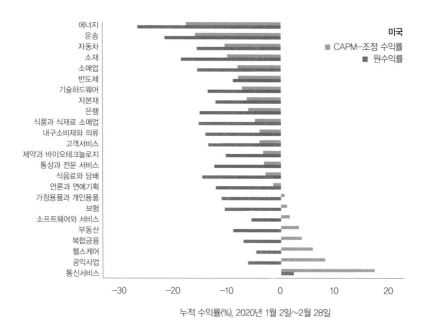

누적 수익률(%), 2020년 1월 2일~2월 28일

자료 3. 미국의 산업별 상대적 수익과 손실(2020년 1월 2일~3월 6일)

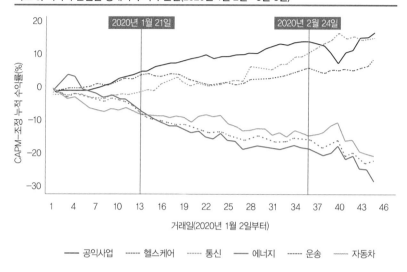

인 검사가 시작되면서 확진자 수가 급속히 증가 중이다. 자료 3에는 시간 경과에 따른 일부 산업의 CAPM-조정 수익률이 나타나 있다.

여기에서 흥미로운 점이 있다. 헬스케어·공익사업(에너지·운송 부문)에 속한 미국 기업들의 경우 잠복기와 창궐기에 총 수익률이 각각 상승하거나 혹은 감소했는데, 이 중 약 3분의 1이 이미 잠복기에 발생했다는 것이다. 또 두드러지게 눈에 띄는 섬이 있다. 대유행 단계에서 상대적 수익률이 일시적으로 강하게 반대 방향으로 움직였다가(투자자들이 주식을 모두 매도했기 때문) 이어서 (시가총액에서처럼) 주가가 지속적으로 출렁거리는 휩소 패턴(톱니처럼 주가가 출렁거리는 현상)을 보였다는 것이다.

기업 수준의 주식수익률: 거래와 부채의 역할

다음으로 기업에 미치는 영향을 계량화했다. 먼저 호버그와 문의 2017년 연구 중 미국 기업들의 국제적 익스포져 자료를 사용했다. 두 저자는 기업들의 국제적 활동에 관하여 해마다 업데이트된 기업 발표를 얻기 위해 〈10-K 보고서〉(미국 증권거래소에 상장된 기업이 해마다 거래소에 제출하는 기업실적보고서-옮긴이)를 검토하면서 각 국가가 언급되는 횟수를 세고, 수출 시장에 대한 익스포져와 투입 의존도를 구별했다.

그 결과 1월 2일부터 3월 6일까지 중국 익스포져가 있는 미국 기업들의 CAPM-조정 수익률이 다른 비교 기업들보다 7.1% 낮았다(산업 효과를 감안할 경우 5.3%)는 것을 알아냈다. 중국에 대한 수출 또는 공급망 익스포져 언급이 많아지면서 전체 기간에 누적초과수익률(CARs)이 대체로 낮아졌다. 1표준편차만큼 높은 수출(투입) 익스포져는 1.91%(1.80%) 낮아진 누적초과수익률과 연관이 있다.

이러한 연구는 기업들의 해외 수익 비율이 주가에 미치는 영향을 고려할 때, 코로나19가 세계 무역에 미치는 파괴적인 영향에 관하여 금융 시장이 전반적으로 비관적인 견해임을 시사한다.

자료 4는 시간 경과에 따라 기업의 국제 활동 발표에서 중국을 한 번 언급할 때마다 CAPM-조정 수익률의 민감도 변화를 보여준다. 흥미롭게도 중국 공급망 익스포져의 경우, 창궐기 말까지의 전체 효과 가운데 약 절반은 사실상 1월 초반에 이루어졌다. 따라서 잇속에 밝은 투자자들이 공급망이 붕괴될 것을 우려하여 이미 잠복기에 가격을 책정한 것으로 보인다. 1월 15일에 중국과 미국이 맺은 '1단계' 거래 협정에 들어 있을 것이 분명한 좋은 소식을 감안하면, 이런 자산-가격 변동은 특히 대중국 수출기업들이 수출을 비교적 잘했어야 했을 때 발생했다는 점이 주목할 만하다.

대유행기에 들어서 다양한 신호의 펀더멘털 정보가 매일 거의 나타나지 않았음에도, 시장에서 총 수익률은 불안정한 휩소 패턴을 보였고, 기업의 국제적 익스포져 가치도 마찬가지였다. 투자자들은 쏠림 현상에 사로잡힌 것처럼 보였다.

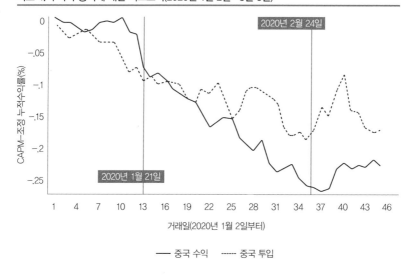

자료 4. 주가와 중국에 대한 익스포저(2020년 1월 2일~3월 6일)

마지막으로 잠복기와 창궐기에는 기업의 레버리지(부채)가 주식의 수많은 단면을 설명하지 못했다. 그러나 대유행기에는 기업 레버리지에 대한 우려가 중요한 역할을 하기 시작했다. 투자자들에게서 관찰된 리스크 해지 현상은 코로나19 위기가 보다 광범위한 금융위기로 확대될 수도 있다는 시장 관계자들의 우려가 커지고 있음을 시사한다.

맺음말

이 연구는 이전에 경시했던 위험이 빠른 속도로 발생할 때 시장이 어떻게 적응하고 있는지를 설명하는 것이다. 우리의 초기 연구 결과는 코로나19 감염증으로 인한 경제적 우려에 시장이 비교적 빠르게 대응하기 시작하고 있음을 시사한다. 초기에는 이 대응이 국제 무역에 초점을 맞춰 상당히 질서 있게 이루어졌다. 최근(2020년 2월 말과 3월 초)에는 주식시장에서 시가총액의 변동이 발생했다. 그러나 이렇게 불안정한 가격 변동 이후에 어느 정도의 패턴이 등장한다. 특히 각국 주식의 변동 상황을 보면 금융 채널을 통해 코로나19 충격이 증폭할 가능성에 대하여 투자자들이 우려하기 시작했다는 것을 알 수 있다.

우리 연구는 주가 영향을 검토하는 것이며, 그것을 통해 미래 경제 결과에 대한 시장 관계자들의 예측을 파악한다. 다른 연구들은 코로나19 때문에 발생한 실제 경제 현상들을 조사해야 한다. 그것과 우리 연구를 결합해 비상사태에 대응하려는 정책입안자와 투자자, 기업에게 정보를 제공할 것이다.

위기극복을 위한 열 개의 열쇠

샹진 웨이
칼럼비아대 경영대학원

나는 지난 2020년 1월 말 〈프로젝트 신디케이트〉에 기고한 칼럼에서, 코로나19(COVID-19)가 2월 중순경 전환점을 지나 5월 초에는 종식될 것이라고 예상했다. 이는 2003년 중국 정부가 사스(SARS)를 종식시킨 경험과 바이러스의 생애주기를 기반으로 한 것이다. 현재 중국 코로나19 확산세는 전환점을 지난 것으로 보인다.

우한시 및 주변 지역 봉쇄, 전국적인 휴일 연장, 대학 강의 온라인 수업 전환 등 정부의 공격적인 대응으로 중국은 단기간에 막대한 경제적 손실을 입었다. 그동안 다른 국가는 진단 키트, 방호복, 의약품을 비축할 시간이 생겼다(적어도 이론적으로는 그렇다). 그러나 안타깝게도, 중국 외의 많은 국가에서 확진자 수가 매일 급증하고 있다.

1월 말 미국, 호주를 비롯한 다른 국가들이 중국 항공편을 취소하자 중국 정부는 이를 기분 나쁘게 받아들였다. 그러나 현재 그중 일부 국가의 무기력한 통제를 본다면 오히려 중국 측에서 항공 운항 재개를 원하지 않을 수도 있다. 코로나19가 '감염병 유행(에피데믹)'에서 '세계적 유행(팬데믹)'으로 전환되었기 때문에, 지금까지 얻은 경험과 교훈을 잘 살펴보는 것이 중요하다. 특히 아직 확진자가 널리 퍼지지 않은 국가의 경우 더욱 중요하다.

첫 번째, 급속도로 퍼지기 전 준비하라

코로나19는 분명 창궐한다. 문제는 그 시기가 언제냐는 것이다. 코로나19가 퍼지면 진단 키트, 마스크, 알코올 솜, 방호복, 병상, 생명 유지 장치 등의 수요가 폭발할 것이다. 몇몇 국가들은 주어진 시간을 제대로 활용하지 못해서 지금도 진단 키트가 부족하다. 항공 운항 취소로 충분하다는 생각이나 '바이러스가 기적적으로 사라질 것'이라는 선언은 좋은 대비책이 아니다. 아직까지 코로나19가 퍼지지 않은 국가라면 지금이야말로 철저히 준비할 때다.

두 번째, 방역물품의 국내 공급량이 부족하다면, 여유 있는 국가에게서 수입하라

마스크, 보호 장비, 진단 키트는 최첨단 기술을 필요로 하는 제품이 아니므로 많은 국가에서 생산할 수 있다. '세계의 공장'이라고 불리는 중국의 경우, 코로나19 사태가 어느 정도 통제되고 있는 것으로 보인다. 또한 생산 재개를 원하고 있으므로 세계 각지에서의 수요를 감당할 수 있다. 현재 방역 물품을 만들지 않는 공장도 생산 라인을 바꿀 수 있다. 즉 방역물품을 생산할 수 있는 지식과 능력을 갖추고 있는 것이다. 에크모(ECMO, 체외막산소공급장치) 같은 고가의 생명 유지 장치는 일본, 스위스 등 국가가 생산한다. 하지만 중급의 생명 유지 장치는 중국에서도 생산되므로 다국적 의료기기 기업의 중국 지사 등을 통해 수입할 수 있다. 세계은행, IMF(국제통화기금), 아시아개발은행은 의료품 수입에 필요한 긴급 자금을 제공하는 등 도와줄 준비가 되어 있다.

세 번째, 중환자실(ICU) 병상을 충분히 확보하는 비상 계획을 세워라

응급 상황시 용도에 맞게 개조할 수 있는 호텔, 대학 기숙사, 다른 적당한 시설을 명기한 비상 계획을 수립해야 한다. 만일 이 계획이 실행 불가능하거나 시설이 충분하지 않다면, 시급히 병원 건물을 신축해야 한다. 중국은 초단기간 우한시에 병원 두 개를 신축했다. 이처럼 할 수 없다면, 중국 기업(또는 그런 빠른 속도, 양질, 비용효과성이 입증된 다른 기업)에 의뢰해도 좋다. 세계은행이나 아시아 개발은행이 주관하는 발전소, 도로, 공항 건설 프로젝트에는 모든 회원국의 회사가 입찰에 참가할 수 있다. 이 국제 입찰에 참가하여 낙찰을 가장 많이 받은 국가가 중국이다. 이 부문에서는 중국 기업들이 빠른 속도와 양질, 비용효과성을 갖고 있다는 증거다. 생명이 위험하고 국내 능력만으로는 케어하기 힘든 공공 보건 비상사태에서 국내 산업 보호주의를 우선해서는 안 된다.

네 번째, 바이러스 확산 최소화 방침을 빠르고, 분명하며, 단호하게 대중에게 전달하라

여기에는 개인위생(철저하게 자주 손 씻기 등) 관리와 사회적 거리두기(사람들이 붐비는 곳과 불필요한 모임 기피, 문손잡이와 버스·기차 좌석 소독하기 등)가 해당된다. 팬데믹 초기, 이런 것에 실패할 가능성이 있는 두 종류의 정부가 있다. 권위주의적인 정부는 사태가 통제권에서 벗어나는 것보다 공공 이미지가 지켜지는 것을 우선시 한다. 따라서 에피데믹에 대한 정보를 감출 수 있다. 한편 반과학주의 정부는 주가와 선거 결과에 미칠 부정적인 영향을 걱정하여 사태의 심각성을 경시할 것이다. 다행히도 WHO(세계보건기구)가 코로나19를 팬데믹으로 선포한 이후, 사태 심각성을 은폐하려는 시도는 줄어들었다. 그러나 모든 정부가 분명하고 믿을 수 있는 정보를 대중에게 전달하는 데 성공한 것은 아니다. 이 가운데 싱가포르 정부는 모범 사례다. 보건 공무원은 물론 총리까지 나서서 의학적으로 정확하고 유익한 정보를 대중에게 전달했다. 그 결과 초기에는 확진자 수가 많았지만, 경제적·개인적으로 중국 본토와 상호연락을 자주 했음에도 지역 확산을 억제하는 데 성공했다. 정부의 현명하고 믿을 수 있는 조언이 중요한 역할을 한 것이다.

다섯 번째, 창궐 조짐이 보이는 순간 사회적 거리두기를 빠르고 결단력 있게 시행하라

토마스 푸에요가 지적한 대로, 확진자 통계는 감염 후 며칠 지나 증상이 나타난 뒤 치료를 받으려는 사람들을 기록한 것이기 때문에, 며칠 전의 상황을 설명할 뿐이다. 따라서 실제 신규 확진자 수와 공식 기록된 신규 확진자 간에는 차이가 있다. 중요한 것은 두 단계에서 보이는 체계적인 편차를 이용하여 조짐을 바꿀 수 있다는 점이다. 일반적으로 초기 단계에서는 실제 확진자 수가 공식 기록보다 상당히 높은 경향이 있다. 두 번째 단계에서 봉쇄 정책이 성공하면 실제 확진자 수가 전환점에 도달하는 시기가 공식 기록상의 전환점보다 며칠 이르다. 이 사실을 알아낸 푸에요는 중국의 '정확한 확진자 수'가 감소 추세를 보인 시기는 우한시를 봉쇄하고 사회적 거리두기를 강제 시행한 직후였다고 추정했다. 이는 사회적 거리두기의 적극적인 시행이 효과적이었으며, 어느 나라든 감염병이 빠르게 수그러들기를 원한다면 이 방법이 필요할 것임을 시사한다.

여섯 번째, 근로자, 기업, 금융기관에 신속하게 긴급 지원을 하라

사회적 거리두기 시행은 감염병의 팬데믹을 해결하는 데 중요한 역할을 하지만, 단기적으로는 경제 전반에 깊은 악영향을 미칠 것이다. 또한 중기적으로도 일부 부문에 부정적인 영향을 남길 가능성이 있다. 공장, 학교가 문을 닫고 제품 박람회나 업무 회담이 취소된다면 공급에 부정적인 영향을 미칠 것이다. 그 여파는 공급망을 통해 전 세계의 다운스트림 분야로 확산될 수 있다. 특히 현재 감염병이 대규모로 창궐하지 않은 국가들까지 연쇄적으로 영향을 받는다.

또한 팬데믹은 수입과 수요를 위축시키고 있다. 이는 다시 공급망을 통해 연쇄적으로 전 세계의 업스트림 분야, 특히 감염병이 크게 창궐하지 않은 국가에 영향을 주게 된다. 이 기간에도 기업은 임금, 공공요금, 은행 융자 및 기타 비용을 지출해야 한다. 많은 기업은 현금이 충분하지 않기 때문에 아마 3~6개월 이상은 필요한 지출을 감당하지 못할 것이다. 소상공인이나 중소기업일수록 더욱 그렇다. 더군다나 사업 활동이 줄고 불확실성이 커지면, 격리용품이 필요한 상황임에도 가정과 기업이 지출을 줄이게 된다. 이는 상품과 서비스에 대한 수요가 급락(또는 자기실현적 예언)할 수 있다는 뜻이다. 이를 막기 위해 정부는 긴급 경제 지원 프로그램을 펼쳐야 한다. 여기에는 납세와 이자 지불의 임시 중지, 바이러스로 인해 집에서 지내는 근로자를 위한 재정 지원과 건강보험 보장, 대규모 파산을 막기 위한 은행 재정 지원, 의료용품과 방호복에 대한 수입 관세 감면 또는 면세 등의 방법이 포함된다.

일곱 번째, 디지털 시대를 최대한 활용하라

오프라인 소매점에서 이루어지는 대부분의 거래는 온라인 쇼핑으로 대체할 수 있다. 하지만 이를 위해서는 국가가 인터넷 통신망을 광범위하게 구축해야 하고, 매장과 가정에 전자 결제가 널리 보급되어야 하며, 효율적이면서도 저렴한 배달 시스템이 있어야 한다. 중국은 이 세 가지 요건을 모두 갖추고 있다. 에피데믹을 억제한 초기에는 배달 서비스가 일시적으로 중단되었으나 지금은 완화된 상태다. 주로 노년층에서 전자 결제(예, 알리페이나 위챗페이)에 거부감이 많았으나 지금은 많이 받아들여지고 있다. 이 분야가 잘 발달하지 않은 국가들은 생산 능력 증대 방법을 찾아야 한다. 자국의 인재나 능력이 부족하다면, 이런 전자 결제와 온라인 소매업을 신속하게 도입할 수 있는 세계적인 기업에게 의뢰하면 된다. 한편 자국의 능력이 있을 경우, 지금이야말로 공공 보건 목표를 발전시키는 데 도움이 될 수 있도록 전 분야에서의 응급 서비스 개선을 고려해볼 기회다.

여덟 번째, 인터넷 사용 증가를 장기적인 경제 성장의 발판으로 삼아라

학생·직원 교육을 온라인으로 하게 되면, 인적 자원 축적에 가속이 붙을 수 있다. 물리학, 수학, 경제학 기초 수업을 위해 교수가 만 명씩이나 있을 필요가 없다. 그 대신 모든 학생은 온라인에서 세계 최고의 교수 열 명의 수업을 들으면 된다. 이렇게 되면 최고 엘리트 학교와 혜택을 가장 받지 못하는 학교 간 교육 격차가 줄게 될 것이다. 뿐만 아니라 보다 맞춤화된 질의응답 시간을 준비하거나 강의를 다양하게 늘릴 수 있게 된다. 이는 코로나19 사태 이전에도 가능했지만, 기존의 관습 때문에 변화하기가 쉽지 않았다(변화에 물리적·정신적 전환 비용이 필요할 경우에는 특히 어렵다). 팬데믹의 통제 수단으로 경험하게 된 대대적인 온라인 교육은 관습을 영구적으로 바꾸는데 필요한 넛지가 될 수도 있다. 정부와 지역사회가 디지털 경제의 성장 잠재력(학생과 근로자가 세계 최고의 교육을 받을 수 있는 가능성)을 알아보고 정책을 변화시키며 그에 상응하는 투자를 한다면, 그 잠재력을 더 잘 활용하게 될 것이다.

아홉 번째, 각국의 독자적 조치보다 국제적 동조의 경기부양책이 더 효과적이다

재정부양책은 특히 더 그렇다. 국가가 기업의 급여세를 감면해주거나 필요한 가정에 일시적으로 재정을 지원하는 등의 재정 확대를 할 경우, 내수 증대가 국내 통화 절상과 해외제품 수입 증가의 형태로 해외 생산자에게 누출될 수도 있다. 이 누출 현상은 GDP 대비 수입 비율이 상대적으로 높은 중소 규모의 국가에서 특히 심하다. 이로 인해 해당 국가들은 충분한 재정부양책을 이행하지 못하게 될 수도 있다. 그러나 국제적으로 동시에 재정 확대를 한다면 이 문제를 해결할 수 있다. 모든 국가의 총 수요를 늘리면, 환율 변동이 필요 없다. 적어도 각국이 조치를 취할 때보다는 변동이 적을 것이다. 전 세계의 수요 증가는 모든 국가에게 이득이 될 것이다. 따라서 G7 국가에 국한하지 않고, G20 국가 차원의 더욱 강력한 협력이 필요하다. 아니면 IMF나 세계은행의 후원을 받아야 한다.

열 번째, 관세·비관세 무역장벽의 축소가 팬데믹 불황 극복에 도움이 될 수 있다

미국 연방준비은행과 유럽중앙은행이 이미 정책금리를 거의 0으로 인하했다. 이 때문에 각국의 중앙은행이 경제 부양을 위해 할 수 있는 일에는 한계가 있다. 그러나 지금도 많은 국가가 무역장벽을 유지하고 있어서 생산비용은 올라가고 가계의 실수입은 줄어들고 있다. 경제 불황의 위협 때문에 국가는 무역장벽을 더 높이고 싶겠지만, 국제 생산량과 고용 증가를 위해서는 정반대의 조치가 필요하다. 근거는 국제적으로 동조하여 재정을 확대하라는 것과 비슷하다. 각국이 외국 기업에게 특권을 인정하는 정책을 펴면, 자국 기업의 해외 시장 진출이 용이해진다. 따라서 동조를 맞추는 무역 자유화는 자국보호주의자의 저항을 극복할 수 있는 좋은 기회가 될 수 있다. WTO(세계무역기구)와 G20은 이 분야의 주도권을 잡고 신속하게 움직여야 한다. 이때 자연스럽게 떠오르는 문제가 있다. 전통적으로 무역자유화를 주장하지만, 최근 들어 일방적인 무역전쟁을 선동하는 미국이 이런 노력에 동참할 것이냐는 점이다. 희망적인 근거는 있다. 미국이 3년 전 무역전쟁을 시작했을 때, 막대한 세금 감면으로 과열된 경제 이면에 부정적인 효과가 숨겨져 있었다는 사실이다. 감세로 인한 단꿈이 거의 사라지고 미국이 경기 침체의 위험에 직면하게 된 지금, 트럼프 행정부는 계산을 수정할 것이다. 또한 동조를 맞추는 무역자유화에 더욱 개방적인 태도를 취할 수도 있다. 특히 미국이 추구하는 WTO의 개혁과 연계될 수 있다면 더욱 희망적이다.

코로나19 팬데믹은 세계를 재난 상태로 몰아가고 있다. 하지만 동시에 전 세계가 단기적으로는 공공 보건의 난제를 해결하고, 장기적으로는 세계 경제의 성장 가능성을 높이기 위해 다양한 정책 변화를 꾀할 수 있는 드문 기회이기도 하다. 중국인들이 실제로 말하지는 않지만 위기(危機)를 뜻하는 한자어에는 흥미로운 지점이 있다. 위태할 위(危)와 기회 기(機)로 이루어져 있다는 사실이다. 위기 속에서 기회를 포착하자.

PART
2

팬데믹
경제학

경제적 충격을 주는 경로들

리처드 볼드윈
제네바대 국제경제학대학원, CEPR

베아트리스 베더 디 마우로
제네바대 국제경제학대학원, CEPR

2020년 3월 4일, 유럽 위원회는 OECD가 2020년 3월 2일에 발표한 암울한 경제 성장 전망에 동조하며 이탈리아와 프랑스가 경기 침체에 빠질 위험이 있다고 발표했다. IMF는 글로벌 경제가 '더욱 심각해질' 가능성이 있다고 내다봤다.

이 책에서 다루고 있는 주요 경제적 이슈는 다음과 같다. 경제적 피해의 파급 방식과 파급 속도 및 범위는 어느 정도일 것인가. 과연 얼마나 악화되며 얼마나 오래 지속될 것인가. 경제적 전염은 어떤 방식으로 이루어질 것인가. 무엇보다 정부는 이에 대해 어떻게 대응해야 하는가 등이다.

G7과 중국에 타격

이번 팬데믹은 경제적인 측면에서 다르다. 과거의 팬데믹들은 당시 경제적으로 훨씬 영향력이 적었던 국가들이 타격을 입었을 뿐만 아니라 범위도 작았다. 코로나19 확진자 수는 이미 SARS 때의 100배 이상이다. 여기에 적어도 이것만큼 중요한 한 가지 사실이 더 있다. 이번에는 'G7 국가'와 '중국'이 가장 많

경제 대국과 코로나19 (2020년 3월 27일 기준)

	GDP	제조업	수출	제조품 수출	코로나19 확진자 수	코로나19 사망자 수
미국	24%	16%	8%	8%	83,507	1,201
중국	16%	29%	13%	18%	81,340	3,292
일본	6%	8%	4%	5%	1,387	46
독일	5%	6%	8%	10%	43,938	267
영국	3%	2%	2%	3%	10,658	578
프랑스	3%	2%	3%	4%	29,155	1,696
인도	3%	3%	2%	2%	649	13
이탈리아	2%	2%	3%	3%	80,539	8,165
브라질	2%	1%	1%	1%	2,433	57
캐나다	2%	0%	2%	2%	3,409	35

출처: 세계 은행 월드 데이터뱅크 〈파이낸셜타임스〉 코로나19 상황판

이 타격을 받은 국가 중에 포함되어 있다는 사실이다. 초반에는 중국이 가장 많은 타격을 받았지만, 최근 추이를 볼 때 G7 국가에서 확진자 수가 기하급수적으로 늘고 있다. 미국, 중국, 일본, 독일, 영국, 프랑스, 이탈리아만 놓고 보더라도 이들 국가가 세계 경제에서 차지하는 비중은 크다.

- 전 세계 수요 공급(GDP)의 60%
- 전 세계 제조업의 65%
- 전 세계 제조품 수출의 41%

이 상황에 딱 들어맞는 이야기가 있다. '이들 국가에서 재채기를 하면 다른 국가들은 감기에 걸린다'는 것이다.

특히 중국, 한국, 일본, 독일, 미국은 글로벌 가치 사슬의 중심에 있어 이들 국가의 고통은 사실상 모든 국가의 '공급망 전염'으로 이어질 것이다.

이번 팬데믹은 또 다른 측면에서 특이하다.

팬데믹의 최근 역사

인류는 20세기 들어 1918년에 역사적인 '스페인 독감'이 발생한 이래 팬데믹을 두 번 겪었다. 1957년의 '아시아 독감'과 1968년의 '홍콩 독감'이 그것이다. 21세기에 들어서는 팬데믹이 네 번 있었다. 2009년 조류 독감(N1H1), 2002년 중증급성호흡기증후군(SARS), 2012년의 중동호흡기증후군(MERS), 그리고 2013~2014년에 창궐했던 에볼라 등이다. 여기서는 이러한 유행병의 타임라인과 사망률을 살펴본다.

아시아 독감(H2N2)

아시아 독감은 1957년 초 중국의 위난현에서 시작되었다. 이후 싱가포르에서 홍콩을 거쳐 인도, 오스트레일리아, 인도네시아, 파키스탄, 유럽, 북미, 중동까지 번졌다. 추정 사망자 수는 정확하지 않지만, 보통 전 세계적으로 사망자 수가 110만 명에 달하는 것으로 보고 있다. 치사율 추정치는 4,000명 중 1명 꼴과 0.2% 미만 사이에 있다.

홍콩 독감(H3N2)

홍콩 독감은 1968년 7월 13일 처음으로 홍콩에서 발현되었다. 발현 초기 6개월 동안 홍콩 주민 50만 명이 감염되었다(전체 인구의 15%). 이후 베트남, 싱가포르, 인도, 필리핀, 오스트레일리아, 유럽까지 감염되었다.

중증급성호흡기증후군(SARS)

SARS는 SARS 코로나바이러스에 의해 발생하는 바이러스성 질환으로 2002년 말 중국에서 발생했다. SARS는 9.6%의 높은 치사율을 보였으나 과거 팬데믹들보다는 전염성이 훨씬 약했다. 중국(5,327명)과 홍콩(1,755명)에서 가장 많은 환자가 발생했으며 치사율은 각각 7%, 17%였다.

2009 조류 독감(N1H1)

2009년 40년 만에 처음으로 새로운 종류의 인플루엔자 팬데믹이 발생했다. 2009년 4월 캘리포니아주에서 최초 환자가 발생한 후 2010년 7월 세계보건기구(WHO)가 이를 팬데믹으로 선포했다. CDC는 조류 독감 사망자가 전 세계 인구의 0.001~0.007%에 달하는 15만 1,700명~57만 5,400명이라고 추산한다. 2009년 전체 환자 수는 미국, 멕시코, 캐나다, 영국이 가장 많았으며 사망자는 멕시코와 미국이 가장 많았다.

중동호흡기증후군(MERS)

MERS는 코로나바이러스(MERS-CoV)에 의한 바이러스성 호흡기질환으로 몇몇 나라의 단봉

낙타에서 시작됐다. 2012년 사우디아라비아에서 최초 발현된 이래 알제리, 한국, 태국, 튀니지, 터키, 아랍에미리트, 영국, 미국, 예멘 등 총 27개국으로 전파되었다. 치사율이 매우 높아 WHO 추산에 의하면 감염자의 35%가 사망했다고 한다.

에볼라(EVD)

에볼라는 인간에게 발병한 치명적 질병으로 치사율이 50%에 달한다(발병 패턴에 따라 치사율이 25%에서 무려 90%에 달하기도 한다). 1976년 콩고와 수단에서 최초로 발현했고 2014~2016년 서아프리카에서 에볼라 2차 파동이 일어났다. 가장 최근에 발생한 2018~2019년 에볼라는 콩고 동부지역에서 시작해 현재 감염자 54명, 치사율 61%를 보이고 있다.

제조업 삼중고

제조 부문은 삼중으로 타격을 받을 가능성이 있다.

1. 공급면에서 직접 타격을 받아 생산에 차질이 생길 것이다. 코로나 19는 전 세계 제조의 심장부(동아시아)에 집중되어 있으며 미국, 독일과 같은 다른 산업대국으로 급속히 번졌다.
2. 공급망 감염은 직접 공급 체계의 충격을 가중시킬 것이다. 비교적 덜 영향을 받고 있는 국가의 제조업도 타격을 많이 받은 국가로부터 필요한 자재를 구입하기가 어려워지고 비용도 많이 들 수 있고, 급기야는 영향을 덜 받은 국가 사이에도 동일한 현상이 발생할 것이다.
3. 거시경제적 측면에서 총수요(경기침체 등)가 하락하고, 소비자와 기업의 태도가 관망세로 바뀜에 따라 소비자 구매 및 기업의 투자 지연으로 수요 차질이 발생할 것이다.

제조품의 사용은 대체적으로 '지연 가능'하기에 2009년의 무역 붕괴 당시 겪었던 것처럼 '갑자기 멈춰버리는' 수요 충격에 더 민감하기 마련이다. 물론 교역과 상관 없는 서비스 부문도 사람들이 외식을 하거나 극장에 가는 것을 꺼리게 되면서 코로나19가 확산된 모든 국가에서 큰 타격을 받고 있다. 그러나 가장 큰 타격을 받게 될 부문은 제조업일 것이다.

각종 지표에서도 이러한 공급 충격이 이미 나타나고 있다. 2020년 2월 중국 제조업 주요 지표인 차이신 제조업 구매관리자지수(PMI)는 역대 최저치를 보여주고 있다. CEBM 그룹의 정성중 수석 경제학자는 "중국의 제조업 경제는 전염병으로 인해 타격을 받았다"면서 "수요 공급 측면 모두 약화되었으며 공급망은 침체되었다"고 밝혔다. 중국의 노동 인력은 생산 활동을 위해 서서히 복귀하고 있지만 동아시아 전역에 걸쳐 구매관리자지수는 생산 급감을 보여주고 있으며, 특히 한국, 일본, 베트남, 대만이 더욱 심하다.

의료 충격 예측

전염병학의 기본을 이해하기 위해 전염병학자가 될 필요는 없다. 오늘날 이 방면의 지식이 있는 경제학자라면 누구라도 전염병의 역학 관계는 어느 정도 알고 있다. 공포의 시기에는 루머와 잘못된 정보가 만연되기 마련이다. 지식이야말로 이에 대한 해독제다.

다음 페이지 자료 1은 발병곡선으로 알려져 있다. 종 모양 곡선에서 급격하게 치솟은 부분은 감염된 한 명이 한 명 이상의 다른 사람을 감염시킨다는 뜻이며, 감염된 사람들의 비율이 처음에는 가속화되는 반면 감염에 취약한 인구 비율은 계속해서 높게 나타난다. 신규 확진자 수는 결국 줄어드는데, 감염시킬 사람이 줄어들뿐더러 비감염성 상태가 되는 사람이 꾸준히 발생하기 때문이다 (이들은 완치되거나 사망한다).

자료 1. 중증급성호흡기증후군(SARS): 전형적인 신규 환자 발생 추이(발병곡선)

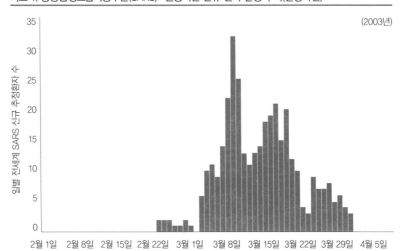

출처: WHO.int

자료 2. 전 세계 코로나19 발병곡선

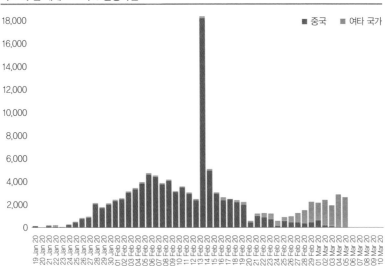

출처: 유럽질병관리본부(European Centre for Disease Prevention and Control,ECDC)

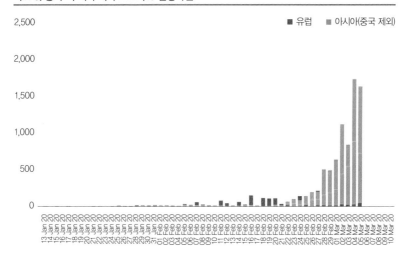

출처: 유럽질병관리본부(European Centre for Disease Prevention and Control,ECDC)

도표에 표시되어 있는 SARS는 꽤나 치명적이나 그다지 감염성이 높지는 않았기 때문에 계절 독감과는 사뭇 달랐다. 계절 독감은 전염성이 높은 반면 그다지 치명적이지 않다.

코로나19는 치사율과 감염성 측면에서 SARS와 독감의 중간 정도 지점에 위치하는 것 같아 보인다. 연구에 따르면 코로나19는 SARS만큼 치명적이지는 않으나 SARS보다 전염성은 더 높다. 자료 2는 2020년 3월 5일 기준 전 세계 발병곡선이다. 이 그래프를 보면 바이러스의 전 세계적 확산으로 인해 피크 모양이 명확하게 두 군데에서 나타나는 것을 볼 수 있다. 자료 3은 중국 이외의 국가를 줌인해서 보여주고 있다. 여타 지역에서는 가속화 단계라는 것을 확실히 알 수 있다.

공중 위생 측면에서의 대응

유행병을 통제한다는 말은 '발병곡선을 완만하게 한다'는 뜻이다. 이는 감염률을 줄임으로써 가능하다. 예를 들면 기업이나 학교의 휴업 및 휴교, 여행 금지 등을 통해 대중들의 전반적인 대인 접촉을 줄일 수 있으며(사회적 거리두기), 감염된 사람의 경우는 치료나 격리를 통해 그 수를 줄일 수 있다.

곡선이 완만할수록 더 많은 생명을 직접적으로 구할 수 있다(감염자 수가 줄게 되므로 사망자 수도 준다). 또한 보건의료 체계의 한계 상황에서 최적의 치료가 어려운 병목 현상을 완화시켜 간접적으로도 더 많은 생명을 구할 수 있다.

각국 정부들이 극단적인 조치를 취하고 있는 이면에는 바로 이러한 곡선을 완만하게 만들기 위한 노력이 숨어 있다. 냉엄한 현실은 현재 코로나19와 대항해 싸울 수 있는 21세기 툴이 없다는 점이다. 현재로서는 백신이나 치료법이 없다. 고작 갖고 있는 것이라고는 20세기 초반에 유행병을 통제하기 위해 사용된 방법들뿐이다. 이러한 방법들은 본문에서 살펴보겠지만 경제적인 타격이 매우 심한 편이다.

경제 충격 예측

경제 충격에 대해 말하기 위해서는 세 가지 근원을 구분하는 것이 중요하다. 그 중 두 가지는 눈에 보이는 것이다.

첫 번째는 순전히 의료적인 측면에서의 충격이다. 병상에 누워 있는 노동 인구는 GDP에 기여하지 못 한다.

두 번째는 공공적·개인적 측면의 봉쇄 정책이 가져오는 경제 충격이다. 예를 들면 휴교, 공장 폐쇄, 여행 제한 및 격리 등이 있다.

세 번째는 문자 그대로 다 '우리 머릿속'에 있다.

신념으로 인한 충격
개인은 신념에 따라 행동하게 된다. 그래서 보통은 인지 편향의 경향이 있다.

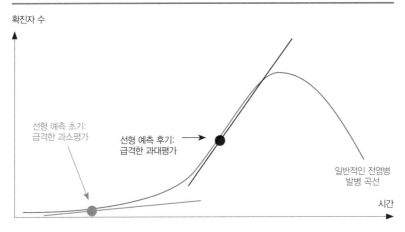

사람의 뇌는 걸을 수 있는 반경의 세상에서 발달해 왔다. 이러한 세상에서는 과거를 이용해 미래를 합리적으로 예측할 수 있다. 이런 식으로 과거 몰랐던 영역에 대한 경험을 바탕으로 미래의 새로운 영역을 예측하는 것을 '선형 예측'이라 한다. 가령 가장 최근에 발현했던 신규 발병 건수를 바탕으로 코로나19의 미래 신규 발병 건수를 추측하는 것은 자연스러운 일이다. 그러나 이러한 방식은 커다란 과오로 이어질 수 있다.

앞에 제시했던 자료 1~3에서, 발병곡선 초기 단계의 선형 예측은 전염병 확산에 대해 급격히 과소평가하게 된다. 반면 전염병 곡선 후반의 선형 예측은 전염병 발병의 심각성을 급격히 과대평가하게 된다. 전문가들이 언론에 등장해 자신의 의견을 과소평가에서 과대평가로 바꾸면 공황 상태가 발생할 것이라는 점은 쉽게 예측할 수 있다.

미국의 전임 보건사회복지성 장관 마이클 레빗은 다음과 같이 말했다. "팬데믹 이전에 우리가 했던 모든 일에 대해 우리는 필요 이상으로 지나친 우려를 했다고 느낄 것이다. 우리가 팬데믹 이후에 했던 일에 대해서는 부적절했다고 생각할 것이다."

충격에 대한 심리 또는 신념은 부분적으로는 다른 사람의 신념이나 행동에 바탕을 두고 있다. 어떤 신념이 다른 사람의 신념에 바탕을 두고 있으면 심리적 평정심이 다양한 양상으로 나타날 수 있다. 심리적으로 평정심이 좋을 때도 있고 나쁠 때도 있는데, 그 중간에서 이리저리 요동칠 수도 있다. 모든 사람이 '각국 정부가 바르게 대처할 것'이라고 믿을 때는 손 소독제를 사재기하지 않을 것이다. 왜냐하면 다른 사람도 그렇게 하지 않을 것으로 생각하기 때문이다. 그러나 남들이 사재기를 할 것이라고 생각하면 앞다투어 사들일 것이다. 만일 대중의 생각이 나쁜 쪽으로 흐르면, 가령 정부가 전염병 확산에 대응할 능력이 없다고 판단되면 혼란 상태를 초래할 것이다.

좀 더 단도직입적으로 말하자면, 다른 사람들의 생각에 의존하는 신념은 군중 행동이나 공황 상태를 초래할 수 있다. 이는 뱅크런에서 화장지 사재기에 이르기까지 경제 상황에서 흔히 볼 수 있는 상황이다.

공급 측면의 충격은 이보다 좀 더 감지하기 쉽다.

공급 측면에서의 충격

바이러스에 대한 사람들의 반응으로 인해 공급 측면에서 가해지는 충격은 명확하고 많다. 일부 국가의 행정 당국이나 기업은 직장 및 학교를 폐쇄했다. 일본은 이런 초기 단계의 예를 잘 보여주고 있다.

2월 말 코로나19 확진 건이 산발적으로 보도되자 일본의 많은 대기업이 직원들의 재택근무를 지시했다. 이러한 관행은 빠른 속도로 널리 퍼지고 있다. 포드 자동차는 직원 두 명의 코로나 바이러스 양성 확진 이후 2020년 3월 3일자로 직원들의 여행을 금지했으며 많은 기업들이 이 선례를 따르고 있다.

이로 인해 초래되는 생산량 감소 규모는 그나마 디지털 기술 및 클라우드 기반 협업 소프트웨어나 데이터베이스 덕택에 어느 정도 완화될 수 있다. 이러한 신기술은 근 20년 전 SARS 팬데믹이 휩쓸었을 당시에는 없던 기술이다. 그렇다고 해서 재택근무가 능사는 아니다. 심지어 오늘날에도 모든 업무가 원거리에서 수행가능한 것은 아니다. 특히나 유형 상품을 다루기 위해서는 현장에 사람이 있어야 한다. 일본의 위생용품 제조 기업 유니참은 전 직원에게 재택근무를 지시하기로 결정했다. 그러나 생산 현장 직원은 의료용 마스크의 수요 증가에 대응하기 위해 예외로 하였다.

전염병 확산을 줄이기 위한 휴교 등의 기타 공중 위생 조치는 일시적으로 간접적 고용 감소 효과를 초래한다. 근로자들이 자녀를 돌보기 위해 집에 있어야 하기 때문이다. 일본은 2020년 2월 27일부로 한 달 간 전국의 모든 학교에 휴교령을 내렸다. 이탈리아도 2020년 3월 4일 동일한 조치를 취했다. 이러한 추세는 가속화할 전망이다. 계절 독감과 같은 전염병의 주된 감염 루트는 아동 간 감염이기 때문이다.

사람들이 일을 못 하고 아픈 가족이나 친척을 돌보는 경우도 일시적인 간접 고용 감소 효과를 초래한다. 또한 이제는 흔하게 된 확진자 가족 및 밀접 접촉자 격리 정책도 이와 비슷한 충격 효과를 가져온다. 이러한 충격의 정도는 의료계 종사자의 경우 더욱 크다. 일례로 일본에서 코로나19 확진자가 가장 많이 발생한 지역의 한 병원에서는 간호사들이 자택에서 자녀를 돌보느라 출근하지 못해 외래 환자를 더 이상 받을 수 없게 되었다.

코로나19의 독특한 공급 충격 확산 패턴

코로나19는 전 세계가 처음으로 겪는 공급 충격은 아니다. 1970년대 오일 쇼크가 가장 유명하기는 하지만 2011년 태국 홍수와 일본 지진 이후 명확하고 심층적인 분석들이 나왔다. 이 모든 경우는 사뭇 다르다.

코로나19로 인한 공급 충격의 독특한 특징은 확산 유형이다. 2011년 태국 홍수의 경우 생산 시설 차질로 인한 충격이 수 시간은 아닐지라도 수일 만에 거의 다 파악되었다. 생산 설비가 고지대에 위치해 있었는지 여부가 모든 것을 좌우했다. 2011년 동일본 대지진으로 인한 공급 충격도 그 규모를 파악하기 쉬웠다. 진앙으로부터의 거리가 생산 시설에 가해진 피해의 규모를 파악하는 데 있어 꽤 신뢰할 만한 결정 요소였다.

반면 코로나19의 확산은 반드시 중국 우한과의 지리적 거리로만 결정되는 것은 아니다. 이는 이탈리아 북부의 경우를 봐도 알 수 있다. 초기 단계에는 항공기 및 유람선 항로가 바이러스 전파에 영향을 끼치는 것으로 보인다.

코로나19의 경우 공급 충격 확산은 동심원 모양이 아닌 복잡다단하게 얽힌 거미줄 모양이라고 하는 것이 좀 더 맞는 표현일 것이다.

그뿐 아니라 코로나19 바이러스가 사람과 관련이 있으며, 인간의 행동 양상은 예측하기가 어렵다는 측면에서 충격 규모 및 위치에 대한 불확실성이 상당히 높다. 이러한 불확실성이 수주간은 아닐지라도 수일간 지속될 가능성이 있다.

마지막으로 공급 충격이 얼마 동안 지속될지는 코로나19의 치사율에 달려 있기 때문에 예측이 상당히 불확실하다. 바이러스의 특성에 따라, 그리고 공중위생 정책 대응에 따라 달라질 수 있기 때문이다.

공급망 충격

2020년 3월 초까지 코로나19는 주로 중국에서 중점적으로 발생하였다. 그다음으로 타격을 많이 받은 국가는 일본과 한국이었다. 이들 국가는 전 세계 많은 제조품의 글로벌 공급망에 있어 핵심적인 국가다. 볼드윈과 토미우라가 작성한 교역 충격에 관한 장에 내용이 상세히 나오지만, 요지는 자료 5에서 쉽게 설명해 놓았다.

국가별 원의 크기는 그 국가의 크기(무역의 가치)를 나타내며, 연결선의 두께는 쌍무간 무역 흐름의 상대적 중요도를 보여주고 있다. 자료에서는 구체적인 설명을 위해 ICT 제품의 글로벌 공급망을 도식화했다.

여기서 몇 가지 특징이 눈에 띈다.

자료 5. ICT산업 글로벌 공급망 내 3개 허브의 상호연결성

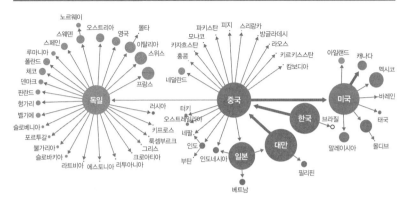

출처: 〈2019 글로벌 가치사슬 동향 보고서〉(WTO)

- 중국은 전체 글로벌 네트워크의 중심을 차지하고 있어 실로 전 세계의 생산 공장이다. 따라서 중국에서의 제조 차질은 거의 모든 국가의 제조 부문에 이차적인 공급 충격을 줄 것이다.
- 공급망에는 지역적 측면이 강하게 자리잡고 있어 중국, 한국, 일본이 최대 피해를 입은 5개 국가 중에 포함되어 있다. 이 사실은 공급망 충격이 특히 아시아에서 크게 느껴질 것이라는 점을 시사한다.

독일은 유럽 네트워크의 허브이며, 세계에서 7위로 타격을 많이 받은 나라이다(2020년 3월 5일 기준). 여기에 이탈리아, 프랑스, 영국을 감안하면, 공급망 감염은 유럽에서의 경제적 전염의 주요 원인이 될 수 있음이 명확하다. 이와 비슷한 논리가 북미의 경우에도 적용된다.

주목할 만한 점은 세계 7대 경제국인 인도의 경우 공급망에는 그렇게 많이 관여되어 있지 않아 이런 유형의 경제적 전염에 어느 정도 차단되어 있을 수도 있다는 것이다.

한 가지 유의할 점은 이런 네트워크 도표는 각 산업 부문별로 아주 다른 모습을 띤다는 것이다. 지나치게 일반화하지 않는 것이 중요하며 따라서 산업 부문별 별개의 분석이 중요하다.

수요 측면에서의 충격

코로나 19로 인해 당면한 총수요 충격에 관하여는 두 가지 측면을 구분할 필요가 있다. 실제적인 측면과 심리적인 측면이다. 실제적 측면을 먼저 살펴보면, 일부 소비자는 상점에 갈 수 없으며 장차 가지 못하게 될 소비자들이 더 늘어날 것이라는 점에서 그들의 수요가 시장에서 없어지게 된다. 마찬가지로 일부 택배 서비스가 중단되어 제품과 소비자가 접촉하는 건수가 줄어들 것이다.

심리적인 측면에서는 글로벌 위기 후에 나타난 현상처럼, 소비자와 기업은 코로나19와 같은 범세계적인 불확실성에 직면하면 '관망하는' 태도를 견지하는 경향이 있기 때문이다.

2008~2009년의 무역 대붕괴와 같은 과거 위기 시에 사람들과 기업은 구매를 미루며 투자를 지연시켰다. 이러한 효과는 특히나 치명적일 수 있다. 전 세계 언론 매체와 사람 간 커뮤니케이션에서 그러한 생각이 무의식적으로 반영될 수 있기 때문이다.

즉 관망 충격은 인터넷을 통해 번질 수 있다는 것이다. 수요 충격은 전통적인 교역 통로를 통해, 혹은 금융에서 당사자 간 이루어지는 방식을 통해서만 전파되는 것은 아니다. 이는 2008~2009년의 글로벌 위기 기간 동안 여실히 나타났다. 전 세계 사람들과 기업은 미국에서 전개되는 금융 위기를 충격에 휩싸인 채 바라보았다. 서브프라임 사태에 직접적으로 연루된 국가는 적었음에도 심리적인 충격으로 인해 구매 및 투자를 미뤘다. 북대서양에서 처음 발생한 금융 충격이 전 세계에 동시다발적으로 거대한 수요 충격을 야기한 것이다. 모든 국가에서 동시에 무역량이 급락했으며 거의 모든 제품이 전에 보지 못했던 속도로 폭락했다. 코로나19 충격에 대한 반응으로 이러한 과거 패턴이 반복될지는 미지수이지만 그럴 가능성은 충분하다.

이러한 초기 수요 충격은 케인즈 승수와 같은 증폭 효과를 가져올 수 있다. 전 세계 많은 사람들과 기업에 있어 '일을 하지 않는다'는 것은 임금을 받지 못한다는 뜻이다. 즉 그들의 수요에 또 다른 제약 요소가 된다.

충격 지속 기간

위기의 기간에 대해서도 과거 충격 기간의 경험에서 실마리를 찾을 수 있을 것이다. 코로나19 감염을 막는 데 시간이 오래 걸리면 국내 서비스 수요에 끼치는 부정적 영향이 상당할 것이다. 기존의 유행병 충격은 짧고 급격했다. 현재는 그 기간이 어느 정도일지 명확하지 않다. 중국은 산업용품을 대량 수출한다. 따라서 충격이 얼마나 지속될지는 중국이 감염병에서 회복되는 속도에 준해, 기업들이 중국산 제품의 대체재를 빨리 찾을 수 있을지의 여부에 달려 있을 수 있다.

수요 위축이 공급 중단과 동반해 최악의 상황이 될 경우, 1970년대 오일 쇼크와 다소 유사한 상황으로 흘러갈 수도 있다. 당시에는 거의 모든 선진 공업국이 장기적인 스태그플레이션에 빠졌다.

역사로부터 배울 수 있는 교훈은 1970년대 오일 쇼크로 발생한 경제 문제 대부분이 실제 석유 부족보다는 부적절한 거시경제정책 대응으로 인해 촉발된 인플레이션 때문이라는 점이다. 좀 더 최근에는 트럼프 행정부의 관세 인상이 중국 상품 수입 감소로 이어졌으나, 멕시코나 베트남 등 다른 국가로부터의 수입으로 인해 그 효과가 대부분 상쇄된 사례를 들 수 있겠다.

코로나 19의 경제적 전염 경로

세계 각국의 경제는 다음과 같은 다양한 교역과 교류 활동을 통해 전 세계에 걸쳐 상호 연결되어 있다.

- 제품
- 서비스
- 노하우
- 인력
- 금융 자본
- 외국인직접투자(FDI)
- 국제 은행업무(인터내셔널 뱅킹)
- 환율

세계 각 국의 경제는 물리적으로 연결되어 있기보다는 경제 원리에 의해 연결되어 있다고 봐야 할 것이다. 상기의 다양한 교역 및 교류 활동 역시 현재와 같은 상황에서는 경제 충격 혹은 경제 전염을 전파시키는 메커니즘으로 작용하게 된다.

각국의 이러한 교역과 교류 활동은 코로나19의 의학적 측면과 경제적 측면을 연결하는 일종의 매개체로 작용할 가능성이 크다. 이에 차례차례 하나씩 검토해 보고자 한다. 우선 먼저 은행 부문을 살펴보자. 은행 부문은 금융 자본, 경제 원리, 인터내셔널 뱅킹이 모두 연결되어 있기 때문에 현 시점에서 경제적 전염을 특히 확산시킬 수 있는 부문이다.

은행과 기타 금융 기관

경제적 전염이 가장 두드러지게 나타날 수 있는 부문이 바로 인터내셔널 뱅킹이다. 은행들은 이번 코로나19 사태 이전에도 이미 유로존 위기에 봉착해 있었다. 다른 수많은 금융 위기의 경우에도 그랬듯이 2008~2009년의 세계 금융 위기는 은행에서부터 시작되었다. 하지만 토르스텐 벡은 "이번에는 경제적 전염의 가장 주요한 매개체가 은행이 될 것 같지는 않다"고 주장한다. 지난 10년간에 걸친 규제 강화의 결과로 완충 자본이 늘어났고 은행 시스템은 대체로 보다 높은 안전성을 확보하게 되었다는 것이다. 벡은 GDP의 8.3% 감소라는 부정적 시나리오 하에서도 유럽 은행들은 여전히 양호한 상태를 유지할 것이라고 주장한다.

반면 체케티와 스코엔홀츠는 신뢰의 위기, 즉 앞서 언급한 기대 충격에 은행들이 보다 취약해질 수 있음을 우려한다. 특히 뱅크런은 본질적으로 전염성이 매우 강하다는 점에 주목한다. "특정 은행의 뱅크런 관련 소식을 들으면 사람들은 대개 다른 은행에서도 뱅크런이 발생할 수 있다는 경고로 받아들인다." 이처럼 사람들에게 자칫 잘못된 메시지가 전달되면 충격은 사람들로 하여금 그것을 더욱 증폭시키는 방식으로 반응하도록 만든다. 이에 대한 해결책은 '투명성을 확보하고 정부가 상황에 대해 정직한 커뮤니케이션을 하는 것'이다.

코로나19 바이러스의 의학적 파급효과와 경제적 파급효과가 서로 연결되어 있다는 사실은 은행이 아닌 기업들에게 상당한 금융 압박으로 작용할 수 있다. 대부분의 기업들은 일상적인 사업 영위 활동의 일환으로 자금을 차입한다. 기업들은 벌어들이는 매출을 차입금 상환에 활용한다. 하지만 코로나19 바이러스 사태와 같은 급작스러운 충격으로 갑자기 매출이 중단되면 일상적인 사업은 부도로 이어지게 된다. 실제 영국 항공사인 플라이비(Flybe)는 파산 상태에 직면해 있다. 플라이비는 코로나19 사태 이전부터 채무 이행을 위해 고전해왔는데, 이번 사태로 인한 항공기 이용 급감 때문에 2020년 3월 5일자로 법정관리에 들어갔다.

비은행 금융 부문

신용 및 유동성 상황이 더 악화될 경우, 비은행 부문 금융기관들은 더욱 위험에 처할 수 있다. IMF는 금융 상황 조정기가 더 길어진 결과 투자자들, 특히 명목 수익률 목표를 중요하게 생각하는 기관 투자자들이 수익을 쫓아 보다 리스크가 높고 유동성이 떨어지는 자산에 투자해왔다고 지적한다. IMF는 2019년 10월에 발표한 〈글로벌 금융 안정성 보고서〉에서 일부 주요 국가들의 비금융 기업 및 비은행 금융기관의 리스크가 역대 최고 수준이라고 지적했다. 위기로 인해 비금융 기업들과 비은행 금융기관들에 대한 대출이 갑자기 중단되면 이들 기업들은 문제에 직면할 수밖에 없다.

본 보고서에서 존 코크레인은 심각한 금융 문제가 발생할 것이라고 예측한다. 기업은 채무를 이행하고 임금을 지불해야 한다. 개인은 모기지 대출을 상환해야 하고 임대료를 지불해야 한다. 그는 "만약 그대로 방치할 경우 엄청난 부도 및 지불 불능 사태가 초래될 수 있다. 즉 사람들이 돈을 지불할 능력이 없어진다는 것이다. 이러한 경제 중단 사태를 그대로 방치하게 되면 금융 재앙으로 이어질 수도 있다"고 경고한다.

물론 코크레인은 상황을 가정할 뿐 정확한 추정치를 제시하지는 않고 있다. 하지만 분명한 점은 수요 부족으로 공장들이 가동을 멈추게 되더라도 기업은 직원들에게 임금을 지불해야 하고 채무도 갚아야 하기 때문에 기업들의 금융 문제가 발생할 수 있다는 것이다. 이는 가계와 기업의 대규모 부도라는 결과를 초래하게 될 것이다. 물론 의료 파산까지 감안한다면 문제는 더 심각하다고 볼 수 있다. 사실 미국에서는 이미 개인 파산의 상당 수가 의료 파산에 기인한다.

현재 시장이 돌아가는 방식에 중대한 변화가 일어나고 있어 신용에 대한 우려는 더욱 커지고 있다. 지난 10년 동안 딜러들이 시장을 직접 지원하는 방식에서 한 발 물러난 결과, 신용 상장지수펀드(ETF)가 눈에 띄게 증가했다. 2001년과 2008년, 그리고 2019년 말에 잠시 그랬듯이 자금 압박이 심해지면 신용 대출 시장의 유동성이 증발할 수 있다.

교역

국제 교역이라는 메커니즘을 통해 바이러스는 각 국의 경제에 피해를 주고 국제적으로 확산된다. 교역은 한 나라가 생산한 물건을 다른 나라가 구매할 때 이루어진다. 이에 따라 자연히 교역 흐름은 수요 충격과(구매 감소) 공급 충격(생산 감소)에 취약할 수밖에 없다.

이것이 시사하는 바는 명확하다. 코로나19의 공급 충격 측면 즉 공장 가동 중단, 여행 금지, 국경 폐쇄 등의 조치로 인해 각 국가에서 코로나19 영향을 받는 부문의 수출이 줄어들게 될 것이다. 여러 매체의 보도를 종합해볼 때 중국산 수출품은 이미 코로나19 바이러스의 타격을 심각하게 받았다. 다만 이와 관련한 공식적인 수치는 수개월이 지난 후에 공개될 것으로 예상된다.

일본은 공급 충격의 예를 잘 보여주는 경우다. 코로나19 확진자가 간헐적으로 발생하자 다수의 일본 대기업들은 직원들에게 재택 근무를 지시했다. 출퇴근 시간 전철이 상당히 혼잡한 점을 감안하면 이러한 제한 조치들은 타당해 보인다. 하지만 단기적으로는 산출이 감소할 수밖에 없다. 이러한 감소 규모는 과거 사례를 기준으로 한 추정치와는 다를 수도 있는데, 그 이유는 현재와 같은 대규모 원격 근무가 약 20년 전 사스 유행병이 창궐하던 시점에는 가능하지 않았기 때문이다. 당시는 스마트폰을 이용한 유비쿼터스 환경이 구현되지 않았던 시절이었다. 하지만 원격 근무가 만병통치약이 될 수는 없다. 지금도 모든 업무를 원격으로 수행할 수는 없다. 현장에 사람이 직접 나가서 업무를 처리해야 하는 경우도 있다. 특히 유형의 재화를 다루는 업무는 현장 근무가 필요하다.

하나의 제품이 다른 제품을 생산하는 데 투입 요소로 사용되는 경우는 어떨까. 한 나라 안에서의 공급 충격 혹은 한 나라의 특정 산업 부문 내 공급 충격은 이제 다른 나라, 다른 산업 부문의 공급 충격으로 연결될 수밖에 없다. 이러한 공급망 전염은 코로나19의 경제적 파장에 있어 중요한 변수가 될 것이다. 이번 코로나19 사태로 심각한 타격을 입은 동아시아 3대 거대 제조국인 중국, 한국, 일본은 미국 전체 수입품의 25% 이상을 차지하고 있으며, 특히 컴퓨터 및 전자 제품 수입의 50% 이상을 차지하고 있다. 의류 및 신발 제조업체들은 동아시아 공급망 차질에 특히 취약할 수밖에 없다. 〈이코노미스트〉는 평소 재고를 많이 쌓아 두지 않는 전자 산업의 경우 대체 전자 부품을 조달할 수 있는 공급처가 마땅치 않은 상황에서 특히 타격을 받을 수 있음을 경고하고 있다.

광학 부문 역시 이번 코로나19 사태의 충격을 그대로 받고 있다. 이번 사태의 발원지인 중국 후베이성에는 다수의 광섬유 부품 제조사들이 위치해 있어 중국의 '광학 산업 밸리'로 알려져 있다. 이들 광섬유 부품은 통신망 장비에 들어가는 핵심 부품이다. 후베이성에서 전 세계 광섬유 케이블과 장비의 25%를 생산하고 있다. 또한 후베이성에는 최첨단 마이크로칩 제조 공장들이 다수 밀집되어 있다. 이들 공장에서는 스마트폰에 들어가는 플래시 메모리칩을 생산하고 있다. 〈이코노미스트〉는 애널리스트들의 말을 인용, 후베이발 코로나19 유행병으로 전 세계 스마트폰 물량이 10% 정도 감소할 수도 있다고 전망했다.

자동차 부문은 국제 공급망 차질로 인해 특히 동아시아 지역에서 이미 크게 타격을 받고 있다. 현대자동차는 중국산 자동차 부품 공급 부족으로 한국 내 모든 공장의 조업을 중단하는 사태에까지 이르렀다. 또 일본 자동차 업체인 닛산 역시 일본 내 공장 한 곳의 조업을 일시적으로 중단했다. 이번 충격의 여파는 유럽 자동차 업체들에도 미치고 있다. 피아트-크라이슬러는 유럽 내 공장 중 한 곳의 조업을 중단하게 될 수도 있다고 발표했다. 영국 자동차 업체인 재규어-랜드로버도 부품 재고가 동날 것을 걱정하고 있다. 재규어-랜드로버는 이러한 조업 중단 사태를 피하고자 여행용 가방을 이용해 중국으로부터 긴급히 부품을 공수하는 상황에까지 이르렀다.

한편 코로나19 사태는 수요 측면에서도 충격을 유발, 수입이 감소하게 되는데 특히 가장 타격을 심하게 입은 국가들의 교역 상대국에서 수입이 크게 감소할 전망이다. 가장 타격을 심하게 입은 국가들이 전 세계 수요에서 큰 비중을 차지하고 있다는 점을 감안하면, 수요 역시 전염 메커니즘이 작용할 수밖에 없을 것이다. 또한 앞에서 언급한 '일단 기다려보자'는 메커니즘에 의해 전염 메커니즘은 더욱 증폭될 수밖에 없을 것이다.

범용재 교역 및 가격

위기가 시작된 이후 브렌트유 가격은 배럴 당 약 69달러에서 약 50달러 수준으로 폭락하였다. 이는 특히 중동 산유국들에게 엄청난 충격을 안겨주고 있다. 다만 유가 하락이 운송 부문 등에는 어느 정도 숨통을 틔어주는 효과도 있다. 사스가 항공 업계에 미친 영향을 외삽법으로 분석한 결과, IATA는 항공업계가 여객 수송 매출에 있어 약 290억 달러의 손실에 직면할 수도 있다는 전망치를 내놓았는데, 다만 이러한 손실은 유류 가격 하락으로 일부 상쇄 가능할 것으로 보고 있다.

여행 및 이동 제한

각국 정부는 전염 속도를 늦추고 적극적으로 이번 사태에 대처한다는 모습을 보이기 위해 여행 제한 조치와 검역 요건 강화를 넘어서는 보다 강도 높은 조치를 취하는 한편, 실질적인 국경 봉쇄 조치를 취하고자 할 수도 있다. 많은 기업들의 경우 면대면 접촉이 사업을 영위하는 데 상당히 중요한 부분이기 때문에 이러한 제한 조치들은 국내적으로도 교역 상대국에게도 경제 활동을 상당 부분 위축시키는 결과를 가져오게 될 것이다. 메니노와 볼프는 유럽 내에서 국경을 봉쇄할 경우, 셍겐 조약(EU 회원국 간 무비자 통행을 규정한 국경 개방 조약) 국가들의 고용 인구 중 약 1%에게 심각한 영향을 미칠 수 있다고 분석하고 있다. 이들 셍겐 조약 국가들은 상호 협약에 따라 국가 간 통행에 제한을 두고 있지 않은 나라들이다. 따라서 이번 사태로 이들 셍겐 조약 국가들이 국가 간 통행을 불허할 경우, 그 경제적인 여파는 상당할 것으로 전망된다.

한편 보스는 과거 전염병 사태에 대한 역사적 분석을 통해 다른 시각의 견해를 피력한다. 1720년 흑사병이 창궐하던 시기 마르세유에 극단적인 여행 금지 조치가 내려지면서 군대가 동원되고 2미터에 달하는 장벽이 세워진 바 있다. 보스는 이러한 역사를 돌이켜보며 현 사태와 같이 인류의 건강과 생명에 충격을 주는 상황이 보다 빈번해질 경우 글로벌화된 세계가 앞으로 과연 어느 정도의 이동성을 허용할 수 있으며 또 허용해야 할 것인가라는 질문을 던진다. 이를 통해 보스는 이번 사태가 보다 오랜 시간 동안 부정적 결과를 초래할 수 있으며 경제 충격이 장기화될 것으로 전망한다. 또한 이동 제한 조치 역시 더 많은 나라들로 확대될 전망이다.

탈세계화 정책 대응

급속한 감염에 대응하고자 각국은 이에 대한 각종 정책 대응 조치를 내놓고 있는데, 이러한 정책 대응으로 인해 제품, 서비스 특히 인력의 이동 및 교류가 크게 지장을 받을 수 있다. 베더 디 마우로는 이번 사태가 경제에 미치는 여파가 상당 기간 지속될 수 있음을 경고한다. 기업, 개인, 정부는 이전에 경험해 보지 못한 상황에 직면해 있으며 이는 갑작스러운 탈세계화로 이어질 수도 있다. 기업들은 이번 전염병 사태로 글로벌 공급망이 급격히 와해될 수 있으며 그에 따른 조정이 불가피하다는 것을 깨닫고 있다. 금융 중개 기관과 규제 당국 역시도 이번 유행병으로 인한 충격을 미래의 리스크 평가와 스트레스 테스트에 반영할 가능성이 크다. 또한 우리 사회는 세계 각국이 외국인에 대한 공포심으로 인해 국경을 봉쇄하는 상황을 직접 목격하고 있다. 자국 우선주의가 점차 고조되는 가운데 '타인에 대한 공포와 의심'은 이질화와 탈세계화의 동력이 될 수도 있다.

마지막으로 코로나19 바이러스는 토착화된 풍토병이 될 수도 있다. 즉 정기적으로 다시 재발현될 수 있어 우리 인류와 항상 함께 하는 감기나 독감처럼 흔한 질병이 될 수도 있다.

환율

금융 위기의 경우 대개 위기 전염의 일반적인 매개체는 환율이다. 예를 들어 1990년대 후반 아시아 금융 위기 당시에는 기업이나 국가의 매출 혹은 소득의 기준이 되는 화폐와 차입의 기준이 되는 화폐가 서로 달랐다. 당시 태국 바트화의 급격한 평가 절하로 촉발된 환율 폭등 때문에 태국 기업들은 하루 아침에 파산하게 되었다. 달러화 기준 태국 바트화 환율 급등으로 인해 태국 기업들은 매출을 통해 벌어들이는 달러로는 이자와 차입금 상환에 필요한 달러를 감당할 수 없는 상황이 되었다.

이번 사태의 경우 아직까지는 이러한 환율 문제가 발생하고 있다는 징후는 없다. 다행히 과거 환율로 인해 촉발된 금융 위기에서 교훈을 얻은 각국이 그동안 국가 간 환차입에 대한 의존도를 상당히 낮춰 놓은 상태다.

자본 흐름

충격이 전파되는 또 하나의 메커니즘은 자본 흐름의 갑작스러운 중단이다. 지난 10년간의 유로존 위기 기간 동안, 유로존 내 갑작스러운 대출 중단으로 인해 아일랜드, 포르투갈 같은 나라들은 곤경에 처했다. 앞으로의 상황 전개를 지켜볼 필요가 있겠지만 다행히 환율의 경우와 마찬가지로 자본 흐름도 이번 사태에서 아직까지는 그다지 영향을 주고 있는 것 같지는 않다.

경제적 충격 규모

초기에는 코로나19 사태를 중국에 국한된 충격, 그리고 그 후에는 아시아 지역에 국한된 충격으로 이해했었다. 하지만 이제는 바이러스가 전 세계로 퍼져 나감에 따라 전 세계가 공히 글로벌 충격에 직면해 있다. 근래에 전 세계가 마지막으로 겪었던 글로벌 충격은 2008년 9월의 리먼 사태에서 촉발된 경제 위기였다. 2008년 말이 되자 미국의 서브프라임 모기지 사태는 글로벌 위기로 번져나가, 은행 부문 비중이 큰 G7 국가 중 상당수가 은행을 중심으로 금융 위기에 직면하게 되었고, 은행 부문의 비중이 크지는 않지만 수출 의존도가 높은 100여 개 국가는 무역 위기에 봉착했다.

볼드윈과 토미우라는 2008~2009년의 글로벌 금융 위기 사례를 살펴보면 이번 코로나19 사태의 여파가 어느 정도에 이를 것인지 가늠해 볼 수 있을 것이라고 주장한다. 2008~2009년 당시 위기는 소위 말하는 '세계 교역 대붕괴'를

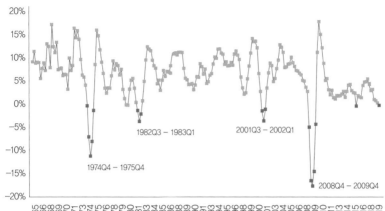

가져왔다. 이는 대공황 이후 인류가 경험한 최대 낙폭의 세계 교역량 하락이었다. 하락이 너무나 갑자기 진행되었고 하락폭 역시 급격했으며 전 세계에 걸쳐 동시에 진행되었다는 특징을 보인다(자료 6). 또한 금융 위기 이후 1년 이상 세계 교역량이 마이너스 성장을 기록하면서 위기가 단기간에 사라지지 않고 상당 기간 지속되었다.

　서비스 부문의 경우는 충격이 너무나 커 회복하기가 쉽지 않아 오히려 L자 형태를 띨 가능성이 높다. 물론 궁극적으로는 성장률을 만회할 수 있겠지만 앞으로 상당 기간 성장률이 큰 폭으로 하락한 채 머물 가능성이 크다. 이번 사태로 인해 외식을 안 하고, 영화관에 가지 않고, 휴가를 가지 않던 사람들이 갑자기 외식을 하고, 영화를 보고, 휴가를 즐기는 데 위기 이전보다 2배 이상 지출하게 될 가능성은 작아 보인다. 여행, 운송, 서비스업 및 기타 국내 활동 부문이 받는 충격 역시 쉽게 회복되지는 않을 것이다. 서비스 내수 부문도 이번 코로나19 바이러스 사태로 가장 큰 타격을 받을 것으로 예상된다.

정책 대응

바이러스의 전파 양상과 정부의 대응이 항상 그 궤를 같이 하지는 않는다. 이에 대해 베더 디 마우로는 다음과 같이 분석한다.

> "경제적 피해 규모와 그 지속 여부는 각국 정부가 이러한 갑작스러운 사태에 어떻게 본능적으로 위기감을 가지고 대처하는지 여부에 따라 결정될 것이다."

비관적인 전망에 따르면 이번 사태가 글로벌 차원의 경제 위기로 확산되면서 지금까지의 글로벌화 추세를 되돌려 상당 기간 탈세계화가 진행될 수도 있다고 경고한다.

반면 좀 더 낙관적인 전망에서는 정책입안자들이 공동의 위기에 대응할 수 있는 능력을 키울 수 있을 것이라고 말한다. 이번 위기를 통해 정책입안자들은 기후 변화와 같은 인류 공통의 과제를 해결하는 데 필요한 신뢰를 구축하고 상호협력 정신을 키워 나아갈 수도 있을 것이다.

위폴로즈는 수십 년간 위기 때마다 각국 정부에 자문을 해주었던 자신의 경험을 바탕으로, 코로나19에 대한 각국 정부의 대응이 마치 로르샤흐 잉크 반점 검사(잉크반점을 자극자료로 사용하는 검사로, 피험자의 현재 상태를 있는 그대로 반영함)와 같을 것이라고 이야기한다.

각국 정부의 대응으로 결국 정부 지도자들의 역량 수준과 그 사회의 특성이 고스란히 드러나게 될 것이라고 말한다. 진실을 은폐하고 기회주의적으로 행동함으로써 철저히 실패할 수도 있고 도전에 맞서 적극 대응하는 모습을 보여 오히려 국민의 신뢰를 얻을 수도 있다.

위폴로즈는 언론보도에서 코로나19가 사라지게 되면 사람들은 자기 나라의 시스템에 무엇이 심각하게 잘못되었는지, 혹은 무엇이 제대로 된 것인지 자연히 알게 될 것이라고 한다. 이제까지는 자신들이 이러한 시스템의 일부였기 때문에 미처 인식하지 못하고 지나가던 것들을 깨닫게 된다는 것이다. 예를 들면 현재 제대로 작동하고 있지 못한 미국 의료보건 시스템의 문제점이 고스란히 드러나게 될 것이다. 많은 사람이 목숨을 잃게 된다면 모두가 시스템의 실패를 눈치챌 수밖에 없다.

위폴로즈는 또한 코로나19 정책 대응에 있어 각국 정부가 어느 정도까지 정치적 요인들을 고려해 정책 대응을 해야 할 것인가라는 보다 심도 깊은 문제를 제기한다.

이 과정에서 한 사회가 생명에 부여하는 기본적인 가치에 따라 정책 결정을 할 것인지, 혹은 역사, 문화, 인종 갈등, 정치 체제, 선거법 등의 요인까지도 고려해 정책 대응을 할 것인지를 고민해보아야 할 것이다.

경제적 고통을 줄이기 위한 정부의 노력

악화 시나리오 상황에서는 피해 확산을 막기 위해 거시적 차원에서 보다 강력한 정책 대응이 필요할 것이다.

122페이지 박스에 제시한 '정책 조치 대안 예'에서는 다양한 경제 정책 대안을 제안하고 있는데, 이 중에서 주요한 정책 대안들에 대해 좀 더 자세히 살펴보고자 한다.

- 통화 정책과 재정 정책 대응이 모두 필요할 것이다. 무엇보다 가장 효과적인 대응은 국제 공조가 될 것이다.

각국의 중앙은행들이 개별적으로 조치를 취하고 발표를 하는 것보다는 공조를 통해 공통된 조치와 발표를 하는 것이 더 효과적일 것이다.

미 연준의 비상 금리 인하 조치도 이미 저금리를 시행하고 있는 일부 국가의 중앙은행에는 그다지 상황을 개선하는 데 도움이 되지 못한다.

이번 사태가 금융 중개기관에까지 영향을 미칠 정도로 상황이 심각하게 흘러갈 경우, 세계 각국의 모든 중앙은행은 공조를 통해 시장에 개입하고 유동성을 공급할 준비가 되어 있다는 신호를 시장에 보내야 할 것이다.

- 이번 사태로 인한 충격의 특징을 감안할 때, 중소기업이 유동성 위기에 가장 심각하게 노출될 것으로 예상된다. 따라서 중소기업에 대한 대출이 원활히 이루어질 수 있도록 특별 지원책을 마련하는 것이 필요할 것이다.

중국, 홍콩, 싱가포르는 수요를 진작하고 시장의 신뢰 회복을 위해 실질적인 재정 지원 조치들을 단행하기로 결정했다.

- 격리로 인한 소득 감소 피해를 입은 국민을 대상으로 신속한 재정 지원 조치를 시행할 수 있을 것이다. 이탈리아는 이미 이러한 조치를 시행하고 있다.

한편 코크레인이 상정한 재난 상황의 경우에는 보다 극적인 조치들이 필요할 것이다. 코크레인은 최악의 경우 기업과 개인이 파산하는 것을 막을 수 있는 유일한 방법은 금융 구제 조치를 통해 '보험처럼 필요할 때 필요한 곳에 돈을 적시에 대거 쏟아 붓는' 신중하지만 신속한 비상 금융 지원책을 제안한다.

정책 조치 대안 예

다음과 같은 일련의 정책 조치를 소득 증대, 시장 신뢰 회복, 유동성 위기 완화에 초점을 맞추어 시행할 수 있을 것이다. 이들 조치 중 일부는 바이러스 발현 출발점인 아시아와 이탈리아에서 이미 시행 중이다.

– 조치 대상: 보건의료/국민 신뢰

의료진 및 보건의료 인력들에게 보너스 지급 (싱가포르)
정치지도자들이 합심해 1달치 급여 기부 (싱가포르)
전 가구에 마스크 소량 지급(건강한 사람들에게는 마스크 사용 자제를 권고) (싱가포르)

– 재정 조치 대상: 가구

18세 이상 전 국민에게 1,000달러 현금 지원금 지급 (홍콩)
바이러스 타격이 심각한 지역에 대해 전기 요금 납부 유예 (이탈리아)
건강 보험 미가입 가구에 대한 의료비 지원

– 조치 대상: 기업

단기 고용 보조금 지급 (독일)
기업들을 대상으로 가속감가상각 허용 (독일)
여행업, 숙박업, 항공업에 대한 특별 재정 지원 (싱가포르)
결근 직원 급여 지원 등을 포함하는 기업 대상 종합 재정 지원 시행 (싱가포르)
중소기업 대상 소득세 인하 및 저금리 대출 시행 (홍콩)

– 조치 대상: 통화/은행

중소기업 대출 실행 은행에 한해 유동성 공급 지원 (ECB, TLTROs)
은행 유동성 지원

– 일반 재정 부양 패키지: G20/EU 차원의 대규모 공조

비상 세제 감면
사회보장보험료 일시 납부 유예
재정 지출 확대
EU 내 피해국들에 대한 재정 기준 완화

– 일반 재정 부양 패키지: G20 차원의 공조

금리 인하(미 연준, 캐나다중앙은행 등)

양적 완화

– 재난 보험/비상 재정 지원

500억 달러 규모의 비상 대출(IMF)

피해국 민간 부문 자금 조달을 위한 IFC/EBRD 재정 확대(세계은행)

유럽연대기금(EU Solidarity Fund)을 확대해 보건의료 관련 재난도 지원 대상에 포함(제안단계)

독감의 거시경제학

베아트리스 베더 디 마우로

제네바대 국제경제학대학원, CEPR

예전에 독감에 걸렸던 때를 기억하는가? 열도 나고, 몸살 기운도 있고, 몸이 욱신욱신 아프기도 했을 것이다. 그리고 너무 몸이 힘들어 왜 나만 이런 독감에 걸리나 하는 생각을 했을지도 모른다. 그렇게 아프다가 어느 날 몸이 다시 정상으로 돌아가면 독감이 나았다는 안도감과 감사함을 잠시 느끼다가 아무 일도 없었던 것처럼 일상으로 돌아간다.

이렇게 우리에게 일시적으로 '건강 이상'이 생긴 것을 경제에 빗대 생각할 수 있다. '거시경제 독감'에 걸리면 어떻게 될까? 예를 들면, 일시적인 수요 공급 동시 충격이라고 하자. 일정 기간 동안 생산량이 감소하지만 곧 다시 회복해서 감소분을 금방 따라잡는다. 특정 분기의 경제성장은 낮아질 수도 있지만 그 다음 분기에서는 성장률이 급속히 높아지면서 생산감소분을 완전히 상쇄하게 된다. 이럴 때 관련된 정책을 입안하는 정부는 불안해하거나 지나치게 적극적일 필요가 없다. 전통적이고 보수적인 통화주의적 정책입안자들이 최선이라고 하는 것을 그대로 따르기만 하면 되는 것이다. 즉, 데이터가 좀 더 쌓일 때까지 관망하는 자세를 취하는 것이다. 하지만 이는 일반적인 독감이나 거시경제의 재채기 수준일 때고, 팬데믹이나 경제공황인 경우는 다르다.

코로나19도 일반 독감처럼 몇 주간 혼란스러운 상황이 지나간 다음 생산과 소비 감소분을 바로 따라잡아 상쇄시키는 시나리오로 갈 수 있을지도 모른다. 하지만 그렇게 될 가능성은 점점 요원해 보인다. 현재 사회경제적 혼란이 미치는 범위가 국내를 넘어 점점 넓어지고 있다. 한 나라에서 발생한 일이 전 세계로 파급되면서 이런 혼란스러운 상황이 지속될 것이다. 다소 늦은 감이 있지만 이제서야 경제전문가들이 내린 결론이다.

이러한 시나리오 안에서 전 세계적인 그리고 각 지역의 경제성장에 미치는 영향은 여전히 불확실하지만, 여태까지의 양상을 보자면 상당한 경제침체가 예상된다. 워릭 맥키빈과 로션 페르난도가 기고한 글 중 가장 극단적인 예를 들자면, 아주 심각한 영향을 미치는 일시적인 글로벌 팬데믹이 발생하면 대부분의 국가에서 국내총생산이 평균적으로 6% 하락한다. 미국과 유럽국가의 경우 8.4%까지 하락한다고 예측하였다.

글로벌 쇼크의 규모와 지속기간은?

코로나19로 인한 글로벌 쇼크의 규모는 대규모 감염을 피하고 감염지역을 제한하려는 조치가 어떤 것이냐에 따라 결정될 것이다. 잘 알려진 대로 코로나19는 아주 전파력이 강하지만 딱히 치사율이 높은 바이러스는 아니다. 따라서 바이러스 전파를 막기 위한 조치는 일상적 업무 수행을 막고 모임이나 여행을 제한하는 등에 불과하다. 코로나19로 인한 사망자 수보다 더 큰 부정적인 경제적 충격을 야기하는 것이다. 설령 사망자 수가 지금보다 더 많아진다고 해도 경제에 미치는 부정적 영향이 훨씬 큰 문제를 발생시킨다.

중국처럼 극단적으로 특정 지역 봉쇄조치를 취하게 되면 생산과 소비가 모두 정체되어 버릴 수 있다. 이러한 극단적 조치는 특정 지역에 대해서만 제한적으로 취해지는 경우가 많고 장기간 지속하기는 어렵다.

대규모 행사취소 등과 같이 수위가 낮은 극단적인 조치는 장기간 지속적으로 시행할 수 있다. 이번 사례만 하더라도 프랑스 정부는 5,000명 이상이 모이는 대규모 집회를 금지했고 스위스 정부는 1,000명 이상이 모이는 집회를 금지하는 조치를 내렸다. 이러한 대규모 집회 중에는 연기해도 되는 것도 있지만 연기할 수 없는 것도 있다. 또한 중요한 비즈니스가 아니면 해외여행을 제한하고, 고객 행사를 연기하거나 온라인으로 대체하고, 교대근무제(직원들을 A조와 B조로 나눠 교대로 사무실 출근을 하도록 하는 방식)를 도입하는 기업들이 늘고 있다. 감염자 수가 계속 증가하고 있기 때문에 정책결정자 입장에서는 코로나19가 종식되었다고 선언하기가 어렵다. 따라서 이러한 조치들을 장기간 지속시킬 수밖에 없다.

　현재 상황에서 표면적으로 드러난 것보다 공급망 붕괴의 규모는 좀 더 크고 기간도 길어질 수 있다. 세계적인 해운화물 운송업체인 '머스크'는 컨테이너 선박 운항을 수십 건 취소했고 중국 공장들의 가동률은 50~60% 정도밖에 되지 않는 것으로 추정된다. 아시아 지역에서 유럽으로 해운화물이 운송되는 데 5주 정도가 걸리므로 지금 유럽에 도착하는 화물은 코로나19 발생 이전에 하역된 화물이다. 국제해운회의소가 추산한 바에 따르면 코로나19로 인해 해운업계가 입을 피해는 3억 5천 달러에 이른다고 한다. 35만 대 이상의 컨테이너 선박 운항이 중지되었으며 1월 중순부터 2월 중순까지 중국에서 출발하는 컨테이너 선박 운항은 49% 감소했다.

　그렇다면 수요 측면에서의 충격은 어떠한가? 가장 먼저 타격을 받는 곳은 운송 및 서비스업종이다. 항구와 터미널은 수입이 줄어들 뿐 아니라 야적장에 빈 컨테이너가 쌓여가므로 보관 비용이 늘어나고 있다. 뿐만 아니라 이 불가항력적 자연재해 때문에 고객들이 보관료를 내려달라고 요구하는 상황이다. IATA(국제항공운송협회)는 사스 바이러스가 유행했을 당시 항공업계가 입었던 피해 규모에 근거해 추산해보면 미 달러화 기준으로 290억 달러였다고 했다. 결국 코로나19 감염의 객관적 위험이나 정부의 방침인 사회적 거리 두기가 가져오는 수요 충격 규모는 부분적일 수밖에 없다. 사람들이 느끼는 공포감이나 불확실성은 그들의 행동에 영향을 미칠 수밖에 없다. 사람들은 감염 위험이 있다는 생각이 들면 모임에 나가 위험을 자처하기보다 차라리 모임을 취소하게 된다는 것이다.

중국은 세계 경제에서 주요한 수요를 담당하고 있으며 유럽국가들은 중국 시장에 대한 의존도가 높다. 예를 들면 독일 자동차 업계 매출의 40%가 중국에서 발생하기 때문에 지난 몇 주간 독일 자동차 기업들이 줄도산했다. 대부분의 사람들에게 신차 구입은 절대적으로 필요한 일은 아니다. 따라서 지금과 같은 위험한 시기가 아닌 상황이 좋아질 때까지 신차 구입을 미루게 된다.

코로나19로 인해 부정적 영향이 지속되는 경우도 있다. 기업체나 정부, 개개인 모두가 코로나 바이러스로 혼란을 겪으며, 향후 인류 건강에 해를 끼치는 사태가 오면 국가 간 이동과 통합이 어려울 거라는 예측이 가능하다. 기업들은 코로나19의 경험을 통해 향후 인류 건강을 위협하는 예기치 못한 질병이 발생하게 되면 글로벌 공급망이 순식간에 무너진다는 것을 터득했다. 따라서 앞으로는 위기상황이 오면 지금의 경험을 충분히 반영해서 향후 대책을 마련할 것이다. 실제로 그동안 미국 정부 내의 중상주의자들이 미국 내 기업들로 하여금 리쇼어링(해외에 나가 있는 자국기업들을 자국으로 불러들이는 정책)을 하도록 공을 들였지만 절대 수긍하지 않던 기업들이 코로나19로 인해 자발적으로 리쇼어링을 하게 되었다.

금융기관과 감독기관 또한 팬데믹 쇼크를 감안해서 향후 리스크 평가나 스트레스 테스트에 반영하게 될 것이다. 정부가 위기상황을 어떻게 대처해 나가는지가 앞으로 상당 기간은 사회 안정과 신뢰 구축에 영향을 미칠 것이다. 예를 들면, 이웃 나라에서 바이러스가 퍼졌을 경우를 생각해보자. 오스트리아가 이탈리아에 한 것처럼 국경을 봉쇄하고 열차 운행을 중지시킨다면 어떨까? 특정국가에 낙인을 찍는 것이 되며 이런 행위는 분열을 야기하게 될 것이다. 인종차별과 국가차별은 이미 표면적으로 드러나고 있다. 국수주의와 포퓰리즘이 만연하게 되면 '타인'에 대해 공포심과 의심을 품게 되어 분열로 향하게 된다. 브

렉시트 지지자들이 했던 것보다 더 좋지 않은 분열 행위가 되고 이는 하나의 '힘'으로 작용하게 된다. 결국 코로나19는 하나의 엔데믹으로 우리 주위에 머물면서 감기와 같은 바이러스로 자리잡게 될 것이다.

경기침체의 위기, 정책입안자가 해야 할 일은?

미국에서 코로나19가 막 퍼지기 시작했을 뿐임에도 불구하고 연방준비제도는 투자자들을 안심시키기 위해 비상시에만 시행하는 전격적인 금리 인하를 단행했다. 미국 외 다른 나라의 중앙은행들은 금리 인하를 단행할 준비가 제대로 되어 있지 않다. 하지만 시장에 혼란이 생길 경우나 금융기관이 압박을 받을 경우를 대비해 시장 유동성을 제공하고 소규모 기업에게 지속적으로 대출을 해줄 준비가 되어있어야 한다. 각국 중앙은행들은 실제로 장기적인 수요부족 현상이 나타나면 다른 나라의 중앙은행들과 협력하여 언제든 가능한 모든 조치를 취할 거라는 메시지를 대중에게 전달할 수 있어야 한다.

하지만 최악의 시나리오가 현실화된다면 재정정책이 더 효과적인 해법이 될 것이다. 우선 자가격리와 수입감소로 타격을 받은 사람들을 대상으로 한 재정정책이 신속히 시행되어야 한다. 이탈리아의 경우 코로나19로 가장 큰 타격을 입은 지역과 기업들을 위한 일련의 지원정책을 이미 발표했다. 자연재해가 발생했을 때에 준하는 정도의 지원 정책이었다. 독일 정부는 2008년 글로벌 금융위기 당시 정부가 시행했던 정책인 쿠어츠아르바이트(Kurzarbeit)와 같은 정부가 고용을 보조하는 제도를 논의 중이다. 독일 정부가 재정을 통한 경기부양책을 실시하겠다는 제스처를 취하고 있는 것이다. 중국, 홍콩, 싱가포르는 수요를 촉진시키고 소비심리를 부양하기 위한 대대적인 재정정책을 시행하기로 결정했다.

코로나19 확산을 저지하기 위한 조치들은 아직은 코로나가 확산되고 있는 국가나 지역에 초점을 맞추고 있지만, 곧 2008년 금융위기에 버금가는 전 세계적 쇼크로 나타날 것이다. 2008년 당시 전 세계 각국 정상들은 한자리에 모여 모두가 겪고 있는 공통의 위기에 대응하는 방안을 모색하였다. 공통의 재정을 마련하여 이를 기반으로 한 경기부양책과 일련의 금융정책들은 G20 국가들이 서로 합심하여 이루어낸 성과였다. 이 정책들은 금융위기가 세계 경제에 미치는 충격을 완화하는 데 큰 역할을 했다. 현재 세계 각국 정상들은 2008년 당시와 유사한 정도의 스트레스에 직면하고 있다. 동시에 인류 모두에게 공통으로 다가온 위협에 어떻게 효과적으로 대응하느냐에 따라 그들의 능력치가 판단되는 상황에 놓여 있다.

유럽의 경우는 더욱 그럴 수밖에 없다. 유럽연합이 골머리를 앓고 있는 각국의 이익만 챙기는 분열 현상을 넘어 유럽연합 내의 국가들이 함께 연대하고 연합에 속하지 않은 국가들과도 결속하겠다는 의지와 능력을 대중들에게 보여줘야 한다. 소비를 진작하기 위해 유럽연합 재정준칙을 융통성 있게 조정해야 한다. 더 나아가 코로나19로 피해를 입은 지역과 지역민들에게 공통으로 재해구제기금을 지원하는 것도 논의해야 한다. 유럽은 위기상황에서 만들어진다는 장 모네의 명언이 힘을 얻는 상황이다.

비슷한 맥락에서 각국 정부와 정책입안자들은 국민들이 공포심을 가지고 공황상태에 빠지지 않도록 결속력과 책임감을 보여주고 단단한 리더십을 통해 신중한 메시지를 전달해야 한다. 그런 면에서 싱가포르의 사례가 시사점을 얻을 수 있다. 싱가포르는 중국과 다양한 방면으로 연결되어 있기 때문에 구정 무렵부터 코로나19를 억제하기 위해 총력을 다해 왔다. 따라서 초기에는 확진자 수가 폭증했으나, 결과적으로 코로나19 확산을 저지하는 데 성공한 것으로 보인다. 싱가포르 정부는 처음부터 다방면으로 국민들과 소통하며 국민들에게 책임감 있게 행동하고 타인을 배려할 것을 촉구했다. 국가 안보 등급이 격상할 정도로 위급한 상황에서 취해야 하는 조치에 대해서도 투명하고 솔직하게 대중들과 소통했다. 사회적 유대감 형성이 얼마나 중요한지를 보여주는 일례로 싱가포르 정부는 모든 가구에 마스크 서너 개씩을 보급하고서도 증상이 있거나 아픈 경우(또는 의료진)가 아니면 쓰지 않도록 권고한 바 있다.

생각해보면 문제는 상대적으로 아주 단순하다. 어떤 나라에서 모든 사람들이 마스크를 비롯하여 음식, 화장지 등을 사재기해서 자신들을 위해서만 쓴다면 감염되지 않은 마스크는 전 세계적으로 부족하게 된다. 이 경우 정작 가장 마스크가 필요한 사람들이 마스크를 사용하지 못하는 상황이 발생하게 된다. 따라서 어떤 나라에서는 우리 모두를 위한 사회적 균형 조치로, 코로나19를 비롯하여 바이러스에 감염된 사람들만 마스크를 쓰게 함으로써 타인에게 전파되는 것을 막고 있다. 하지만 이런 조치가 더 나은 사회적 결과를 낳게 하기 위해서는 구성원 간의 신뢰가 먼저 구축되어야 하며 정부는 확실한 행동을 통해 신뢰 구축에 힘써야 한다.

종합적으로 보자면, 이러한 예기치 못한 자연재해와 그로 인한 사람들의 공포심을 정부가 어떻게 다루고 대처해 나가는지에 따라 많은 것들이 달라질 수 있다. 전 세계적으로 영향을 미치는 경제 위기가 될 수도 있고, 세계화의 흐름에 역행하는 위협으로 작용할 수도 있다. 하지만 각국의 정책입안자들이 공통의 위기대응 조치를 제대로 취한다면 신뢰를 재구축해나가는 발전의 기회가 될 수도 있다.

세계 교역에 미치는 영향

리처드 볼드윈

제네바대 국제경제학대학원, CEPR

에이치 토미우라

히토쓰바시대학교

코로나19는 공급 부문과 수요 부문에 동시에 충격을 주고 있다. 이와 같은 수요공급 동시 충격은 재화와 서비스의 국제 교역에 상당한 영향을 미칠 것이다. 이 글은 과거의 역사적 경험과 경제학적 논리를 활용하여 이번 사태가 글로벌 무역에 미칠 영향에 대해 분석하고 이를 통해 미래지향적 계획을 수립하는 데 도움을 주고자 한다.

이 글의 핵심은 코로나19는 의학적인 전염을 넘어 경제적으로도 '전염'될 수 있다는 점이다. 코로나19가 무역에 끼치는 영향을 분석하기에 앞서 코로나 바이러스에 대해 알아야 할 몇 가지 사실을 확인하고 넘어가자.

첫째, 2차 세계대전 이후 전염병은 경제적인 영향력이 상대적으로 작은 국가들에게 주로 큰 영향을 미쳤다. 하지만 이번에는 아니다.

2020년 3월 2일 기준 확진자가 가장 많은 국가는 중국, 한국, 이탈리아, 일본, 미국, 독일 순이었다. 이 중 특히 미국과 이탈리아, 독일에서 확진자가 급증하였다. 심각한 타격을 입은 이 여섯 국가는 다음과 같은 역할을 하고 있다.

- 전 세계 수요와 공급(GDP 기준)의 55%를 책임지고 있다.
- 전 세계 제조업의 60%를 책임지고 있다.
- 전 세계 생산품 수출의 50%를 책임지고 있다.

자료 1. 주요 경제국과 코로나19 (2020년 2월 29일 기준)

	GDP	제조업	수출	생산품 수출	코로나19 확진자 비율
미국	24%	16%	8%	8%	0.1%
중국	16%	29%	13%	18%	85.2%
일본	6%	8%	4%	5%	0.3%
독일	5%	6%	8%	10%	0.2%
영국	3%	2%	2%	3%	0.1%
프랑스	3%	2%	3%	4%	0.2%
인도	3%	3%	2%	2%	0.0%
이탈리아	2%	2%	3%	3%	2.7%
브라질	2%	1%	1%	1%	0.0%
캐나다	2%	0%	2%	2%	

출처: 세계은행 《월드데이터뱅크(World DataBank)》, 세계보건기구(WHO)

확실한 건 이들 국가의 공급 차질과 수요 충격은 전 세계에 큰 영향을 끼치게 될 거라는 것이다.

둘째, 코로나19와 이를 막기 위한 각 국가들이 취하고 있는 정책들이 이들 국가의 총수요 감소를 유발할 경우, 글로벌 무역 시장은 크게 위축될 것이다.

특히 과거 경기침체기에 글로벌 교역 규모가 글로벌 성장보다 훨씬 빠르게 둔화되었다는 점을 감안하면 이 같은 위축 효과는 더욱 증폭될 것으로 예상된다. 이 같은 결과는 지난 2008~2009년 교역대붕괴(Great Trade Collapse) 당시에 특히 두드러졌다

셋째, 이번에 큰 타격을 입은 여섯 국가들은 그 자체로서 거대한 경제 플레이어일 뿐만 아니라 거미줄처럼 서로 얽혀 있는 글로벌 공급 체인의 중심에 서

있다. 특히 이들 국가들은 서로 상대국에게 그리고 제3국에 부품소재를 조달해주는 핵심 공급자다.

예를 들어, 중국산 산업부품은 전 세계 많은 국가의 제조 공정에서 중요한 역할을 한다. 따라서 위 여섯 국가에서 공급 충격이 발생하면 중간재 교역이라는 통로를 통해 이른바 '공급망 전염'이 초래될 수 있다. 다시 말해, 전염병으로 타격을 입은 이들 여섯 국가에서 발생한 공급 충격이 전 세계 대다수 국가로 퍼져나가게 되면, 이 과정에서 코로나19로 별다른 피해를 입지 않은 국가들도 공급 충격에 전염된다. 이러한 방식으로 세계는 10년 전에도 교역대붕괴를 경험한 바 있다.

교역의 흐름을 뒤바꾼 수요공급 동시 충격

중요한 점은 제조업이 처한 특수성이다. 공산품은 대체적으로 구매행위의 지연이 가능하기 때문이다. 2009년 교역대붕괴에서도 그랬듯 일단은 두고 보자는 식의 관망적 수요 충격은 비내구재보다 내구재에 큰 타격이 된다. 요컨대 제조업은 삼중고의 위기를 직면한 것이다.

첫째, 코로나19 발발 이후 생산에 차질을 주는 직접적인 공급망 교란은 세계 제조업의 중심 국가(동아시아)에 집중되고 있으며, 이는 미국, 독일과 같은 다른 산업 대국으로 빠르게 확산되고 있다.

둘째, 공급 전염은 직접적인 공급 충격을 증폭시킨다. 이는 충격을 적게 입은 국가들도 충격을 심하게 입은 국가로부터 필수적인 산업 부품을 수입하는 게 과거보다 더 힘들어지거나 값비싼 비용을 치러야 가능해졌다는 말이다. 이것이 다시 서로에게 영향을 미치는 과정에서 공급 충격은 더 커지게 된다.

셋째, 수요는 (1) 총수요 전반의 거시경제적 위축, 다시 말해 경기침체, (2) 소비자들에 의한 경계적, 관망적 구매 지연과 기업들의 투자 지연으로 인해 교란이 발생한다.

물론 타격을 입은 국가들의 서비스 부문도 충격을 심하게 받아 음식점이나 극장가 등이 텅 비는 사태가 발생했다. 하지만 이는 제조업이 입은 타격에 비하면 미미한 수준이다.

중력 방정식은 경제학자들이 가장 신뢰하는 실증적 분석 방법 중 하나다. 이는 한 국가(원산지 국가)에서 다른 국가(도착지 국가)로 가는 수출의 가치를 모델링하는 것으로 도착지 국가의 총수요(GDP 규모로 측정)와 원산지 국가의 총공급(GDP 규모로 측정)과 정(正)의 상관관계를 갖고 있다. 또 거리가 멀수록 마찰력이 커진다는 점을 반영하기 위해 양국 간의 GDP 결합분은 상호 간 거리로 나눠지게 된다.

양국 간 거리는 고정 변수이기 때문에 양자 간 수출 충격은 자연스럽게 공급 충격(수출국 GDP 변화)과 수요 충격(수입국 GDP 변화)으로 나누어진다. 본 분석법을 통해 교역에 대한 두 가지 시사점을 도출할 수 있다.

첫째, 코로나19가 공급 충격을 야기하여 수출은 감소할 것이며 특히 가장 심각한 타격을 입은 국가의 수출이 가장 크게 위축될 것이다.

둘째, 코로나19가 수요 충격을 야기하여 수입은 감소할 것이며 특히 가장 심각한 타격을 입은 국가의 교역대상국 수입이 가장 크게 감소할 것이다.

경제적 중요성은 이미 주어진 상태에서, 이들 여섯 국가에서 발생한 대규모 수요 충격과 공급 충격은 글로벌 교역 규모를 크게 둔화시킬 것이란 사실은 거의 확실해 보인다.

국제 공급망을 통한 '공급 전염'

2020년 3월 초만 해도 코로나19 사태는 거의 중국에만 국한되어 전 세계 확진자 중 90%가 중국에서 확인되고 있었다. 중국 다음으로 타격을 입은 국가

자료 2. 섬유산업 글로벌 공급망 내 3개 허브의 상호연결성

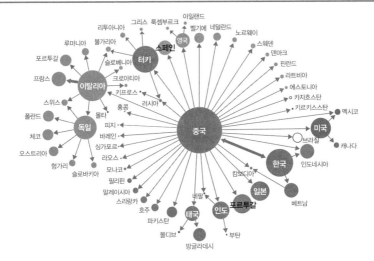

자료 3. ICT산업 글로벌 공급망 내 3개 허브의 상호연결성

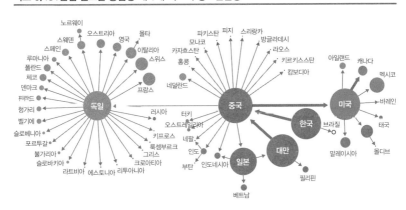

는 일본과 한국이었다. 어떻게 보면 당연한 흐름이다. 중국과 일본, 한국은 여러 공급품의 글로벌 공급망의 중심에 서있기 때문이다. 지난 수십 년 동안 중국은 '산업 중간재의 OPEC(석유수출국가구)'과 같은 존재로 진화해왔다. 다시 말해 전 세계 산업에서 가장 핵심적인 중간재 공급국이 된 것이다. 섬유 산업을 예시로 한 자료 2를 보면 이 사실이 확연히 드러난다.

그림에서 버블의 크기는 무역 흐름의 관점에서 국가의 규모를 반영하며, 연결된 화살표의 두께는 양자 교역의 상대적 중요성을 의미한다. 이해를 돕기 위해 무역 흐름이 적은 경우는 점으로 표시했다. 섬유산업에 사용된 중간재 교역만을 표시한 그림임을 참고하길 바란다. 코로나19 '공급 전염'이라는 측면에서 볼 때 두 가지 특징이 두드러진다.

첫째, 섬유산업 원자재라는 측면에서 볼 때 중국은 전 세계의 공장이라고 해도 과언이 아니다. 전체 글로벌 교역과 생산이란 측면에서 핵심적인 위치에 있다.

둘째, 지역적인 구분이 매우 명확하다. 섬유산업에 있어 중국이 '아시아의 공장'이라면 이탈리아는 '유럽의 공장', 미국은 '북미의 공장'이다. 아프리카와 남미에는 허브가 존재하지 않는다.

자료 3은 정보통신기술(ICT) 상품 산업에 사용되는 중간재 흐름을 표시한 것으로 구성은 자료 2와 같다. 자료 2와 자료 3은 극명한 차이점을 보인다. 즉, 세계교역흐름은 일반화할 수 없다.

각 산업별로 공급망은 서로 다른 연결 형태를 보인다. 예를 들어 ICT 산업의 중심은 중국이지만 그보다 중요하게 파악해야 할 점이 있다. 첫째, 일본과 한국, 대만, 중국이 ICT 상품을 생산하는 '아시아 공장'의 공동 허브라는 점이다. 둘째, 공급망의 지역적 특성은 섬유산업보다 ICT 산업에서 더욱 두드러진다. 전반적인 교역에 있어서 지역성은 필수적으로 살펴봐야 하는 특성이다.

결론적으로 공급 전염은 충분히 가능한 시나리오다. 동아시아 제조업에서 공급 차질이 발생하면 전 세계 다른 국가의 제조업에도 심각한 타격을 줄 가능성이 매우 높다. 공급 전염은 이미 다수의 일화를 통해 확인되고 있다. 미국 경제 주간지 《바론즈》는 최근 한 기사에서 공급망 관련 소프트웨어 기업 CEO의 말을 다음과 같이 인용한 바 있다. "기리쉬 리시는 '지난 20년간 중국은 세계의 공장으로 발전했다'며 '소비재 상품, 자동차, 의류, 첨단 기술 등 영향을 받지 않는 산업이 없다'고 단언했다."

코로나로 심각한 타격을 입은 동아시아 3대 제조강국인 중국과 한국, 일본은 미국 전체 수입량의 25%를 차지하고 있으며, 특히 컴퓨터 및 전자제품의 경우 50%가 넘는다. 컨설팅업체 코웬앤드컴퍼니의 애널리스트인 존 커넌은 의류 및 신발 회사들이 동아시아 공급 차질에 특히나 취약하다고 지적했다.

영국의 《이코노미스트》는 전자 산업의 취약성을 지적하며 그 이유를 재고 수준을 의도적으로 낮게 유지하는 업계 관행과 전자 부품의 대체 공급원 부족으로 꼽았다. 광학 산업도 마찬가지로 매우 취약하다. 코로나19 발병 근원지인 후베이성은 여러 광섬유 부품 제조기업(통신네트워크 구축에 필수)의 거점인 만큼 중국의 '광학 밸리'로 알려져 있다. 전 세계 광섬유 케이블 및 기기의 25%가량을 후베이성에서 생산하고 있다. 후베이성은 스마트폰의 플래시 메모리칩을 생산하는 데 사용되는 최첨단 마이크로칩 제조공장의 거점이기도 하다. 《이코노미스트》에서 인용한 한 애널리스트는 후베이발 코로나 바이러스 감염증 확산 때문에 올해 전 세계 스마트폰 출하량이 전년 대비 10% 가까이 줄어들 것으로 전망했다.

자동차 산업은 국제 공급망 붕괴로 인해 직격탄을 맞았다. 특히 동아시아에서 타격이 컸다. 중국 내 자동차 부품의 공급 부족으로 인해 한국의 현대자동차는 국내의 모든 공장 가동을 중단해야 했다. 일본의 닛산자동차도 일본에 있는 공장을 일시 폐쇄했다. 충격은 유럽까지 전달되어 피아트 크라이슬러는 최근 유럽 공장 중 한 곳의 업무를 곧 중단할 수도 있다고 밝혔다. 또 영국의 자동차회사 재규어랜드로버는 2월 말부터 부품 조달이 어려울 수 있음을 발표하고 사태에 대비하기 위해 중국에서 긴급하게 부품을 공수해온 바 있다.

공급망 연결성에 대한 데이터

OECD의 부가가치 기준 교역자료를 참고하면 국제 공급망이 어떻게 연결되어 있는지 전체 그림을 한눈에 볼 수 있다. 자료 4는 상품 생산에 있어 국가들의 상호의존도를 보여준다. 우선 국가가 직·간접적으로 구매하는 상품·부품의 출처에 초점을 둔다. 예를 들어, 미국이 중국에서 다양한 재화를 수입할 때 세 가지 방법을 갖는다.

첫째, 중국산 최종소비재를 직접 수입하는 것이다. 다만 미국이 중국에서 수입하는 상품의 일부가 실제로는 다른 국가에서 생산된 경우가 있기에 그 점을 고려하여 수치를 조정하였다. 한 예로 중국의 기업은 미국에 수출하는 카메라를 생산하기 위해 보다 정교한 광학부품을 일본 기업에서 구매하는 것이다.

둘째, 미국 기업이 중국에서 부품을 수입하면 제조업체가 해당 부품을 사용하여 최종적으로 미국 기업·소비자가 구매할 제품을 만드는 것이다. 예를 들어, 미국 기업은 미국 도로에 설치할 원격 제어 게이트를 생산하는 데 필요한 필수 중간재인 전자 모터를 중국 기업으로부터 구입할 수 있다.

셋째, 미국이 제3국에서 구매하는 상품에 중국의 부품이 포함된 경우다. 그 예로 미국이 대량 수입하는 멕시코산 자동차는 상당수가 중국산 부품을 사용한다.

자료 4는 이 내용을 수치화한 것이다. 이 자료에 따르면 미국과 독일, 중국, 일본에서 생산되는 재화 및 부품은 이 국가들과 거래하는 주요국의 지출에서 큰 비중을 차지한다. 자료 4의 모든 국가에서 중국이 차지하는 부가가치는 총 지출의 3% 이상이다. 이 자료에서도 주목해야 할 점은 지리적 근접성에 따라 의존도가 높아진다는 것이다. 북미 시장에서는 미국이 캐나다와 멕시코보다 우위에 있으며 동아시아에서는 중국과 일본이 보다 큰 영향력을 행사한다. 유럽의 제조강인 영국과 독일, 프랑스, 이탈리아(이 중에서도 특히나 독일)는 유럽권의 핵심 공급 국가다.

자료 4. 한 나라에서 수요가 발생할 경우(행) 다른 나라에서 직·간접적으로 유발되는 부가가치(열)

	USA	CAN	MEX	DEU	GBR	FRA	ITA	ESP	TUR	NLD	CHE	CHN	JPN	IND	KOR	AUS	IDN	BRA
USA		39%	24%	5%	11%	10%	5%	5%	7%	11%	11%	6%	8%	4%	8%	10%	3%	8%
CAN	4%		1%															
MEX	5%	5%																
DEU	5%	4%	3%		19%	20%	14%	15%	15%	20%	25%	4%	2%	2%	6%	8%	2%	2%
GBR	1%	2%		3%		4%	3%	4%	4%	4%	8%	1%		1%	1%	3%		
FRA	1%	1%		6%	5%		5%	10%	6%	5%	5%	1%		2%	1%	1%	1%	
ITA	1%	1%		2%	3%	4%		4%	3%	2%	6%				1%			1%
ESP				2%	5%	7%	4%		4%	3%	3%				1%			
TUR			1%	2%	2%	2%	2%				1%							
NLD					1%	1%					1%							1%
CHE																		
CHN	7%	7%	7%	3%	4%	4%	4%	4%	5%	5%	6%		6%	9%	12%	9%	7%	7%
JPN	6%	4%	4%	2%	2%	3%	2%	2%	2%	3%	3%	3%		2%	8%	16%	8%	2%
IND			1%						1%		1%							
KOR	3%	3%	2%		1%	1%	1%	1%	1%	1%		2%	1%	3%		7%	2%	2%
AUS														1%				
IDN														1%				
BRA		1%																

참고: USA = 미국, CAN = 캐나다, MEX = 멕시코, DEU = 독일 GBR = 영국, FRA = 프랑스, ITA = 이탈리아, ESP = 스페인, TUR = 터키, NLD = 네덜란드, CHE = 스위스, CHN = 중국, JPN = 일본, IND = 인도, KOR = 한국, AUS = 호주, IDN = 인도네시아, BRA = 브라질.

한 가지 분명한 건 미국, 독일, 중국, 일본에서 발생한 공급 차질은 모든 주요 국가들의 소비자와 기업에 심각한 타격을 줄 것이라는 점이다. 영국과 프랑스, 이탈리아, 한국도 마찬가지다. 미국, 독일, 중국, 일본에 견주면 낮은 수준이겠지만 그래도 세계 경제에 심각한 영향을 미칠 것으로 판단된다.

과거 글로벌 교역 쇼크를 통해 얻은 교훈

2008년부터 2009년까지 계속된 글로벌 금융위기는 소위 말하는 교역대붕괴를 초래했다. 2008년 3분기에 시작되어 2009년 2분기까지 계속되었다. 이 금융위기는 역사상 가장 급격한 세계 무역의 하락세를 초래했고 대공황 이후의 가장 심각한 교역 붕괴였다. 갑작스럽고 심각했으며 모든 나라에서 동시에

자료 5. 1965년부터 2019년 3분기까지 전 세계 수입량의 전 분기 대비 성장률

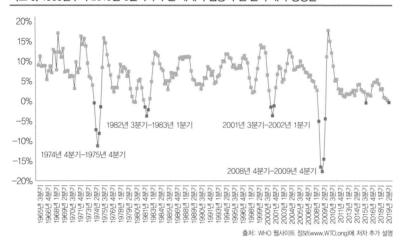

출처: WHO 웹사이트 정보(www.WTO.ong)에 저자 추가 설명

진행되었다.

글로벌 교역은 2차 세계대전 이후 몇 번의 위기를 경험한 바 있다. 하지만 2008~2009년의 타격은 그 어떤 위기에 비해서도 어마어마한 수준이었다. 자료 5처럼 세계 교역은 1965년 이후 2008년 전까지 세 번의 경제침체기로 인해 최소 3분기 동안 지속된 시련을 겪었다. 1974~1975년의 오일쇼크로 인한 공황, 1982~1983년 인플레이션 붕괴로 인한 공황, 2001년에서 2002년의 기술주 거품 붕괴로 인한 공황까지 세 번의 시련을 겪었다.

이 시점에서 코로나19가 2008년, 2009년 글로벌 금융위기에 버금가는 타격을 줄 것으로 보이진 않지만 그 시기의 경험을 통해 이번 사태가 초래할 결과의 대략적인 한계선은 알 수 있다. 또한 그 당시 교역 위축이 빠른 속도로 일어난 것에 비해 빠르게 해결되지 않았다는 점도 주목할 만하다. 당시 국제 교역은 1년 이상 마이너스 수치를 기록했다.

또 하나 중요한 차이점은 2008~2009년 교역붕괴는 수요 충격으로 초래되었다는 점이다. 금융위기로 인해 직접적인 공급 충격도 있었지만 대부분 은행 및 금융업에 국한되어 있었으며 산업적 피해(예를 들면, 크라이슬러 파산)는 금융

140

위기 그 자체보다 금융위기가 야기한 경기침체로 인한 것이었다.

교역대붕괴 원인을 분석한 연구를 보면 앞으로 벌어질 상황에 대한 핵심 힌트를 얻을 수 있다. 교역대붕괴 원인에 대한 3가지 주요 가설은 다음과 같다. ⑴ 수입을 포함한 모든 상품에 대한 총수요 감소, ⑵ 무역금융 확보의 어려움, ⑶ 무역장벽 강화다.

당시 교역대붕괴는 수요 충격, 특히 구매를 '미루어도 되는' 상품에 대한 수요 충격에 의해 야기된 것이었다. 다시 말해 교역이 내구재에 편중되어 있어 수출이 GDP보다 변동성이 2~3배 큰 경우였다.

게다가 중간재 생산자에게는 소위 '채찍효과'라는 것이 작용한다. 최종소비재에 대한 수요가 하락하면 가치사슬의 각 생산자가 재주문을 하기 전 재고떨이에 나서게 된다. 이렇게 되면 공급망의 위에 있는 기업들에게는 수요 충격이 한층 더 증폭되는 것이다. GVC(글로벌밸류체인)의 역할도 중요한 것으로 나타났다. 이에 대한 확고한 증거는 다양하게 찾아볼 수 있다.

공급망 전염과 관련하여 2008~2009년 세계 경기침체기에 미국과 EU 간의 수요확산과 세계 GDP에 대한 세계교역량의 탄력성을 정량화하기 위해 세계 투입산출 프레임워크가 사용되었다. 그 결과 미국과 EU 수요 하락의 20~30%는 다른 국가에 의한 것이었으며 NAFTA와 유럽 신흥국, 아시아가 가장 타격을 심하게 입었다고 한다.

두 개의 다른 메커니즘에 관해 몇몇 전문가들은 교역붕괴 및 회복 기간 동안 무역 장벽이 증가했다는 증거는 거의 없다는 결론을 내렸다. 또 일부 전문가들은 신용 제한이 전반적으로 무역에 미치는 영향은 미미하다고 분석하였다.

앞으로 갖춰야 할 근본적인 대책

각국의 코로나19 대응 정책과 이에 따른 기업들의 반응에 따라 무역체계가 영구적으로 손상될 위험은 존재한다. 미국이 모든 교역대상국(특히 중국)을 상대로 현재 진행 중인 무역전쟁과 코로나19로 발생될 공급망 충격이 합쳐진다면 전 세계의 공급망이 해체되는 결과에 이를 수 있다. 공급망의 국제화 이유가 생산성 향상이었던 만큼 공급망이 오작동한다면 정반대의 결과로 이어질 것이다. 이렇게 되면 과거의 경험에서 교훈을 얻지 못한 것이나 마찬가지다.

한 국가의 공급망에만 의존한다면 위험은 반드시 증가한다. 예를 들어, 일본이 이 같은 상황이라면 비용 급증을 감당해야 할 뿐 아니라 다음번에 또 닥칠지 모르는 대형 지진이라는 위험을 방치하는 결과를 낳는다. 다음번 지진은 2011년 동경 대지진보다 훨씬 큰 규모로 발생할 수도 있다.

이번 팬데믹을 반세계주의의 명분으로 해석해서는 안 된다. 비용은 증가하겠지만 다수의 공급 국가를 이중으로 확보해놓는 방법이야말로 중국에 대한 과한 의존에서 벗어날 수 있는 방법이다. 일본의 다국적기업들은 최근 몇 년간 해외직접투자와 관련하여 중국에서 다른 국가들로 다각화하기 시작하였다. 코로나19 사태를 예견했기 때문이 아니라 중국의 임금 상승으로 인한 행위였지만 말이다. 또한 ICT 활용을 극대화하여 기업들이 글로벌 소싱을 보다 효과적으로 조절할 수 있기 바란다.

전염 효과: 뱅크런

스티븐 G. 세체티
브랜다이스국제비즈니스스쿨, CEPR

커밋 L. 스코엔홀츠
뉴욕대 스턴경영대학원

"1918년 경험으로부터 얻을 수 있는 교훈이 하나 있다면 바로 정부가 국가적 위기상황에서는 진실을 말할 필요가 있다는 것… 당국은 국민의 신뢰를 지켜내야 한다. 가장 좋은 방법은 아무것도 왜곡하지 않고, 아무것도 조작하지 않으며 모든 일에 최선을 다하는 것이다."

―《대인플루엔자: 역사상 가장 치명적인 전염병 이야기》(존 베리, 2004) 중에서

현재 최소 60개국에서 확인된 코로나19 감염 사례가 8만 5,000건 이상이다. 전염률은 일반 독감의 두 배, 사망률은 20배나 높을 수 있다. 하지만 감염률, 환자가 증상을 보이는 빈도, 바이러스 감염 후의 결과 등 모든 면에서 추정치는 매우 불확실하다. 또한 신종 바이러스인 만큼 확실한 치료법도 백신도 없는 상태다.

따라서 우리는 이 병원체가 사람들을 극심한 공포로 몰아간다는 것 외에는 정보가 거의 없다. 확진자가 지금과 같이 매일 늘어나는 지금과 같은 상황에서 사람들이 공포심을 갖기 시작하면 사람들은 경제 활동을 위축시키는 방식으로 행동하게 된다. 바이러스에 감염될 수 있는 모든 장소로부터 멀어지는 것이다. 대중교통, 학교, 직장 등의 장소를 피하게 될 거란 말이다.

그리고 코로나19가 해결 가능한 질병이라고 확신하기 전까지는 이러한 행동을 계속 보일 것이다. 효과적인 치료법이 발견되거나 감염 가능성이 매우 낮아지는 상황이 아니라면 확신을 갖기는 어려울 것이다. 이에 따라 시장 관측통들은 올해 경제성장률 전망치를 낮추고 있으며 금융시장 행위자들은 경제 쇼크 상황을 완충하기 위해 더욱 완화된 통화정책을 기대하는 듯하다.

코로나19와 뱅크런의 유사점

정부 당국이 대중이 다시금 밖으로 나올 수 있도록 신뢰를 구축하는 과제는 뱅크런을 막는 과제와 매우 닮아 있다. 코로나19 확진자를 파악하고 격리하는 과정과 부실한 은행을 파악하고 격리하는 과정이 상당히 유사하기 때문이다.

은행은 블랙박스와도 같아 외부인의 입장에서는 은행 내 자산의 가치를 거의 알 수가 없다. 특히나 자산가격의 폭락과 같은 쇼크가 발생할 때는 더욱 그렇다. 따라서 나쁜 소식이 들려오면 예금주들은 자연스럽게 은행의 재무건전성에 대한 의문을 품게 된다.

게다가 은행들은 취약성을 갖고 있다. 액면가로 예금을 순차적으로 연쇄 상환하게 되면 퍼스트 무버 우위(First-Mover Advantage)라는 상황이 초래된다. 다시 말해 은행에 먼저 도착하는 사람은 예금을 모두 상환받는 반면 인내심 있게 기다렸거나 단순히 한발 느렸던 예금주는 아무것도 받지 못할 수도 있는 상황이 생기는 것이다. 바로 이게 뱅크런이다.

바이러스성 질병처럼 뱅크런도 전염된다. 특정 은행에서 뱅크런 사태가 있었다는 뉴스를 접하는 순간 모든 사람은 다른 은행에도 비슷한 문제가 있을 것이라고 예단하고 공황상태에 빠지게 된다. 다시 말해 사람들에게 충분한 정보가 주어지지 않는 경우 이러한 쇼크는 사람들의 혼란을 증폭시킬 뿐 어떠한 방법으로도 가라앉지 않는다. 모든 은행의 재무상태가 건전할 수밖에 없는 안전한 상황이어도 내가 거래하는 특정 은행에 대한 불확실성이 대두되면 바로 뱅크런으로 이어지는 것이다.

이러한 유사성은 또 다른 점을 시사한다. 뱅크런을 통제하기 위한 수단이 코로나19와 같은 신흥 팬데믹(세계적 대유행)의 경제적 영향을 관리하는 데도 유용할 수 있다는 것이다. 중앙은행이 재무상태가 건실한 은행에 우량 자산을 담보로 대출을 내주면 이렇게 확보된 유동성으로 뱅크런을 쉽게 관리할 수 있다. 하지만 은행의 재무건전성이 의심되는 상황이라면 금융당국이 확실하게 자체 역량으로 은행의 건전성을 입증해주어야 한다. 시장이 얼어붙고 재고처분이 한창이라면 무슨 방법으로 건전성을 확인해줄 수 있을까?

특별 공시 메커니즘

우리의 경험에 의하면 은행의 지불능력에 대한 우려로 생기는 금융 전염병을 막는 가장 효과적인 방법은 '특별 공시 메커니즘'이다. 은행의 실태를 밝히기 위해 진행하는 스트레스 테스트(Stress Test)가 가장 강력한 도구다. 2008년 말 미국 대형 금융기관의 자본적정성에 대한 의구심이 수면 위로 떠오르자 잠재 투자자, 채권자 , 그리고 소비자들은 금융기관들로부터 발길을 돌렸다. 이렇게 무담보 대출의 붕괴가 시작되었다. 이후 2009년 5월 미국의 19개 은행에 대한 스트레스 테스트 결과가 발표되었다. 그리고 해결법이 되어 주었다.

미국은 스트레스 테스트를 통해 어떻게 신뢰를 회복할 수 있었을까? 우선, 당국이 매우 진지한 태도로 임했기 때문이다. 심각한 불황에도 불구하고 테스트를 통과한 은행은 재무상태가 견고한 고객들에게 대출을 해주었다. 일반 대중도 이 같은 공식적으로 신뢰할 만한 정보는 믿는다. 그렇다면 정책결정자 입장에서는 특정 은행에 문제가 있다 하더라도 모든 은행이 건전하다고 선언하고 싶은 유혹이 생길 것이다.

금융 위기가 한창일 때 미국 정부가 신뢰를 회복할 수 있었던 핵심 요인은 2008년 말 대규모 자본 투입 이후에도 부실기관을 구제할 수단을 손에 쥐고 있었다는 점이다. 결과적으로 투자자들까지 스트레스 테스트를 거친 은행이라면 750억 달러 상당의 지분투자가 있으면 문제가 해결된다는 뉴스를 믿게 되었다. 이에 따라 리먼 사태 이후 처음으로 신뢰를 회복한 신규 민간시장을 통한 자본 확충이 가능했던 것이다.

팬데믹으로 인한 경제적 여파를 제한하기 위해서는 금융 위기 때와 같이 철저하고 신뢰할 수 있는 공시가 선행되어야 한다. 사람들이 아무리 서로가 건강하다고 믿어도 바이러스를 감염시킬 수 있는 사람을 만날 가능성이 있다면 밖으로 나가지 않을 것이다. 수십 개국에서 신규 감염 사례를 매일 같이 발표하고 있는 이 상황에 사람들은 당연히 언제 어디서나 감염의 가능성이 있다고 생각할 것이다. 위기 상황에서 은행의 재무건전성을 지속적으로 감독하는 데 많은 비용이 든다. 마찬가지로 팬데믹의 상황에서 옆에 앉은 누군가가 바이러스를 전염시키고 있진 않은지 하나하나 관찰하는 것은 거의 불가능하고 비용도 많이 든다. 기침 소리만 들어도 사람들은 공포심을 갖게 된다.

2009년 스트레스 테스트의 교훈은 건전한 과학과 견고한 공중 보건 정책이 경제적으로 불안정한 행동을 가라앉히는 데 매우 중요하다는 것이다. 사람들이 일상생활로 돌아갈 수 있도록 하기 위해서 정부는 다음과 같이 해야 한다. 첫째, 국민이 바이러스에 감염되지 않았음을 증명할 수 있는 신뢰도 높은 검사를 제공해야 한다. 둘째, 확진자 및 의심자는 효과적으로 격리시켜야 한다. 셋째, 해당 바이러스의 치료법 개발에 어느 정도 진전이 있음을 보여줘야 한다.

성공적인 결과를 위해서는 반드시 정부가 대중의 신뢰를 얻어야 한다. 즉, 바이러스의 감염 과정, 심각성, 치료와 통제를 위한 방법과 관련하여 가장 최신의 정보를 상세하게 제공해야 한다. 앞에서 인용했던 존 베리의 말처럼 정부는 사실에 충실해야 하고 절대 정치 게임을 해서는 안 된다. 사실을 왜곡하려는 시도는 정부 발표의 신뢰성을 저해하며 대중의 신뢰 회복을 지연할 뿐이다.

펜데믹 시대의 통화 정책

존 H. 코크레인
스탠포드대 후버연구소

코로나19 사태에 대응하기 위해 연방준비제도에서 금리를 인하해야 하는지 주변 학자들과 논의가 이루어졌다. 이번 코로나19 사태에 국한된 대화는 아니었다. 다른 대유행전염병이 급속도로 확산되어 의도하던 의도하지 않던 몇 주, 몇 개월 동안 경제의 상당 부분이 폐쇄된다고 가정했을 때 연준이 할 수 있는 적절한 경제정책은 무엇일까?

이 위기의 순간, 금리 인하가 정답일까?

처음 든 생각은 연준이 금리를 인하해서는 안 된다는 것이었다. 전형적인 공급 충격이기 때문에 수요 측면에서 더 이상 손을 쓸 수 없다. 상점이 문을 다 닫았는데 소비를 장려하는 것이 무슨 소용인가? 돈을 손에 쥐어 주어도 가게와 공장이 운영을 안 한다면 무용지물이다. 중앙은행의 첫 번째 책무는 우선 문제가 '공급 충격인지 수요 충격인지' 파악한 후 공급 충격이 아닌 수요 충격일 때 해결책을 강구하는 것이다.

그러나 수요와 공급은 명확하게 구분하기 어렵다. 보통 공급 충격 때문에 일종의 수요 부족이 발생한다. 마찬가지로 대유행전염병은 수요에도 영향을 준다. 사람들은 전염병이 돌면 외출을 자제하고 집에서 많은 시간을 보내기 때문에 나가서 굳이 신차를 구매할 가능성은 줄어든다. 중립적 실질금리를 파악하여 인플레이션 불안정 요소를 통제하기 위해 명목이자율을 조정하는 것이 중앙은행의 역할 중 하나다. 경제가 폐쇄되고 사람들은 소비할 의향이 없을 뿐만 아니라 상점도 다 닫았기 때문에 자연스럽게 저축을 하게 된다(소득이 끊기지 않는 한 말이다). 같은 이유에서 이미 있던 대출을 연장하는 것이 아닌 이상 대출에 대한 수요 또한 감소한다. 자본의 한계생산물이 사실상 제로라는 뜻이다. 그렇다면 연준이 금리를 급격히 인하하는 것은 나름 일리가 있는 행위다.

그렇지만 생각을 해볼수록 질문 자체가 잘못되었고 이 문제를 총공급과 총수요의 맥락에서 파악하면 안 된다는 결론을 내리게 되었다. 경제 주체의 자발적인 선택이나 공중보건 대응책에 의해 몇 주, 몇 달 동안 경제가 폐쇄되면 어떤 일이 발생할까? 경제를 폐쇄하는 것은 전등을 끄는 것처럼 쉬운 일이 아니다. 원자로를 폐쇄하는 것과 유사하다고 보면 된다. 천천히 신중하게 임하지 않으면 붕괴될 수 있다.

심각한 재정적 문제가 발생할 수 있다는 말이다. 가게와 공장 문이 닫아도 시간은 계속 흘러가기 때문이다. 기업은 매출이 없는 상황에서 대출도 갚고 임금을 지불해야 된다. 그래야지만 직원들이 먹고 살 수 있을 것이다. 개인은 소득이 끊겨도 주택담보대출을 상환하고 월세를 내야 한다. 이런 상황을 방관하면 가계와 기업이 잇따라 대대적으로 파산하고 도산하거나 단순한 생활비조차 지불할 능력을 상실할 수 있다. 중장기적으로는 금융 위기를 촉발할 수 있다.

만약 그간 손실된 국내총생산을 회복할 수 있다는 보장이 있다면 문제되지 않는다. 그저 미래 생산을 담보로 회복될 때까지만 견디면 된다. 하지만 완전한 회복이란 없다. 재정상황이 악화되어 경제의 한 축이 무너지지 않는 이상 국내총생산 수준은 금세 정상화될 것이다. 그러나 그간 창출하지 못한 국내총생산은 다시 돌아오지 않는다. 예를 들어, 하루에 신발 한 짝을 만들 수 있는 사람이 어느 날 아파서 신발을 못 만들었다가, 정상 업무로 복귀한다고 해서 신발을 두 짝씩 만들 수 있는 것은 아니다. 자리를 비운 동안의 신발 수요가 부분적으로는 누적될 수 있고 생산량도 단기적으로는 높일 수 있지만, 그렇다고 해서 아팠던 기간 동안의 수요와 공급을 완전히 복구할 수는 없다. 그렇기 때문에 은행에서 대출을 승인해주었다고 하더라도 미래 소득을 기대하고 당장 필요한 자금을 마구 쓰는 것은 바람직하지 않을 수 있다.

이상적인 자유시장에서는 마치 보험을 든 것처럼 이런 어려움이 닥쳤을 때 국민은 무한한 자금을 지원받고 이를 지원하는 국가도 부도의 위험이 없겠지만 현실은 그렇지 않다.

'선 구제 후 규제'를 언제까지 되풀이할 것인가?

또 다른 이상적인 시나리오를 생각해보자. 이 시나리오에서는 모두가 언제라도 경제가 폐쇄될 수 있다는 위험을 인지하고 소득이 없어도 반 년 정도는 버틸 수 있을 정도의 유동 자산을 확보했을 것이다. 만일에 대비해서 저축하는 정도면 된다. 소비자들의 과잉저축 습관을 지적하는 경제학자들도 많지만 역설적으로 하루살이처럼 근근이 살아가는 사람들과 상당한 차입금의 힘으로 사업을 영위하는 기업이 수두룩하다. 흉작, 기근, 악성 전염병, 전쟁, 혹독한 겨울철이 일상이었던 시절에는 힘든 시기를 무사히 보내기 위해 일반적으로는 충분한 곡물을 비축했다. 그러나 이 방법이 절대적으로 혹은 보편적으로 효과가 있다고 볼 수는 없다.

그럼 다시 연준의 이야기로 돌아가보자. 비상자금이 없다면 금융 채무 상환 요구를 한꺼번에 꺼버리는 스위치가 있지 않을까 생각하는 이들도 있다. 그러나 경제 전체를 폐쇄할 수는 없다. 우리는 식량, 전력, 넷플릭스, 의료서비스 등 필요한 것이 많다.

결론적으로 전염병이 세계적으로 대유행하는 지금과 같은 상태가 촉발하는 금융위기에 대해 대비책이 필요하다고 판단된다. 차입자로부터 돈을 돌려받을 사람들에게 피해가 전이되지 않는 선에서 최대한 파산 및 도산을 방지하는 대책이 마련되어야 한다. 다시 말해 보험상품처럼 안정적으로 마련되어 효과적으로 국가에 자금을 투입할 수 있어야 한다. 어떻게 생각하는가? 필자는 이 이상적인 시나리오처럼 구제책이 준비되어 있지 않다면 개인 및 기업 파산을 막을 수 있는 유일한 방법은 명민하게 선별된 구제금융뿐이라고 생각한다.

지방정부와 미국 연방재난관리청(FEMA)에서 주기적으로 설계하고 대비해야 하는 지진, 홍수, 화재, 태풍 훈련 계획과 유사한 대유행전염병에 대응하는 상세금융계획이 있어야 한다. 이런 계획이 실제로 존재하는가? 필자가 알기로는 없다. 혹시나 전문가 중 재무부나 연준에서 비상사태가 닥쳤을 때 개봉박두하기 위해 숨겨놓은 계획이 있는데 필자가 무지한 것이라면 알려주기 바란다. 무방비 상태로 정계에서 해결책을 급조할 수 있는가? 2008년 금융위기 당시 임시방편으로 황급히 구성된 은행 구제금융의 참사를 떠올려 보기 바란다.

이제 이러한 정부개입이 초래한 무지막지한 도덕적 해이에 대한 예방책을 고민해야 한다. 대유행전염병의 발병은 앞으로 더 잦아질 것이다. 사후 구제조치가 구비되어 있으면 그만큼 저축 등 사전 준비에 대한 동기부여는 감소한다. 소방서가 지나치게 훌륭하면 주민은 안일하게 지하에 휘발유를 보관하게 되는 것과 같다. 이렇게 되면 부채에 허덕이는 지금의 금융제도를 탄생시킨 동일한 '선구제 후 규제'의 전철을 되풀이하는 셈이 된다. 더 나은 아이디어가 필요하다.

일각에서는 금리 인하를 통해 필요한 유동성을 확보할 수 있다고 주장한다. 그러나 담보대출 이자, 월세, 급여, 전기세, 대출 상환금 등이 지속적으로 발생하는 기업의 입장에서 들어오는 돈은 없고, 수입이 있다 하더라도 구매할 수 있는 자재조차 없는 상황에서 은행이 할 수 있는 일이 뭘까? 대출 조건을 떠나서 대출 자체를 거절할 수밖에 없는 이러한 은행의 입장에서 연준 기준금리와 관련된 문제는 지극히 사소한 것이다. 이렇게 암담한 상황에서 금리 인하를 해결책으로 믿고 붙잡고 싶을 수는 있지만 사실 이것만으로 근본적인 문제를 해결하기에는 역부족이다.

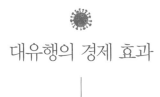

대유행의 경제 효과

사이먼 렌-루이스
옥스퍼드대학교

십여 년 전 보건전문가들로부터 대유행전염병(팬데믹)의 경제효과를 분석해 달라는 요청을 받았다. 일반균형의 변화를 살펴볼 수 있는 거시경제모형이 필요했던 것이다. 필자는 1990년대에 작은 팀을 구성하여 COMPACT 모형을 개발하고, 이후에 보건전문가들과 함께 보건경제학회에 이 모형에 대한 논문을 게재했다. 이 논문에는 이전 연구들도 인용되었다.

이전에 연구했던 대유행전염병과 이번 코로나19 사태의 성격은 다르겠지만 대유행전염병으로 확산되지 않길 기대한다(2020년 3월 6일 현재 이 위기는 사망률 기준으로 볼 때 이전 연구에서 사용되었던 '기준 사례'와 '심각 사례' 중간쯤 되는 듯하다). 그러나 코로나19가 대유행전염병으로 악화될 경우 이전 연구의 시사점을 적용해볼 부분들이 있다. 단, 이전 연구의 핵심 가정 중 하나는 대유행전염병이 3개월 동안 지속된다는 것이었기 때문에 코로나19 사태가 단기에 해결될 것이라는 전제를 적용해보겠다.

우선 본론으로 들어가기에 앞서 필자는 지금 코로나 사태처럼 사망률이 높은 대유행전염병이 발생했을 때 우리가 겪는 건강상 피해가 우선순위라고 생각한다. 경제적인 부분은 부차적이라고 본다. 물론 경제 부문은 그 자체로 중요하며 사망률을 줄이는 효과는 없지만 이 시기 발생하는 극단적인 문제들을 방지하는 데 의미가 있다. 그렇지만 고작 반년도 안 되는 기간 정도의 국내총생산 손실의 일부를 막는 것과 코로나19 사망률을 줄이는 것을 동일 선상에 놓고 비교할 수는 없다.

코로나19가 단기간에 끝날 경우라면?

경제 측면에서 가장 덜 중요한 부분부터 예를 들어보자. 바로 병가의 증가에 따른 생산성 저하다. 이 부분의 중요성이 가장 낮은 이유는 생산성 저하를 벌충할 수 있기 때문이다. 특히 병가를 내는 직원 수가 늘어난다 해도 이 상황이 한 분기에 집중된다면 쉽게 상쇄 가능한 문제다. 병가에서 돌아온 직원은 충분히 초과근무를 할 수 있기 때문이다. 물론 급여비용이 증가하고 일시적으로 물가상승률이 높아질 수 있지만, 중앙은행이 걱정할 문제는 아니다.

대유행전염병의 이러한 직접적인 영향으로 인해 한 분기에 감소하는 국내총생산은 고작 몇 퍼센티지포인트에 불과할 것이다. 정확한 수치는 인구의 감염 비중, 영국 내 사망률, 감염 예방을 위해 결근하는 사람의 수 등에 따라 달라질 것이다. 대유행전염병의 발병 이후 일 년 동안 국내총생산의 감소폭은 약 1~2%로 전염병이 발병한 분기에 비해 양호하다. 전염병이 유행한 분기 이후에는 줄어든 재고를 보충하고 그동안 밀린 수요를 충족하기 위해 생산량이 반등하기 때문이다.

이 모든 것은 학교가 휴교되지 않는다는 것을 전제로 한다. 학교가 문을 닫게 되면 아이들을 돌보기 위해 어쩔 수 없이 일을 쉬어야 하는 사람들이 많아지기 때문에 노동공급이 더욱 더 감소한다. 이전에 진행했던 연구에 따르면 학교가 한 달간 휴교될 경우 앞서 언급했던 국내총생산 감소량이 세 배 증가하고, 한 분기 동안 휴교될 경우에는 두 배가 증가한다. 이것만으로도 대단해 보이지만, 학교가 문을 닫는 것은 감염자뿐만 아니라 모두에게 영향을 준다는 사실도 기억해야 한다.

모든 학교가 3개월 동안 휴교하고 아프지 않음에도 결근자가 많다고 가정했을 때 연간 최대 국내총생산 손실은 5% 미만이었다. 이는 한 분기 동안 심각한 경기불황을 겪는 것과 동일한 수준이다. 그러나 대유행전염병 사태가 해결된 이후 경제는 반등하기 마련이다. 일반적인 경기불황과 달리 국내총생산이 감소한 이유가 명확하기 때문에 침체기의 종료 시점 또한 분명하다.

하지만 이와 같은 가정은 감염되지 않은 사람들의 소비 행태에는 변화가 없다는 것을 전제로 한다. 만약 점진적으로 확산되는 대유행전염병이라면 이 전제는 유효하지 않다. 연구를 진행하면서 얻은 가장 큰 교훈은 대유행전염병의 충격은 공급 측면에 국한되지 않는다는 것이다. 소비자 행동에 따라 특정 경제 부문이 큰 수요 충격을 받을 수 있다. 오늘날 소비의 상당 부분은 사회적이라고 볼 수 있기 때문이다. 즉, 술, 외식, 축구경기, 여행 등 소비를 할 때 다른 사람들과 접촉하게 된다. 사람 간 직접적인 접촉이 요구되고 쉽게 미룰 수 있는 미용실과 같은 서비스 부문의 소비 또한 급감할 수 있다.

대유행전염병으로 장기간 지속될 경우의 경제 충격

사회적 소비가 감소할 정도로 감염에 대한 우려가 커지게 되었을 때 경제적 피해는 지금까지 논의된 수준을 능가할 것이다. 경제 손실의 일부는 영구적일 것이기 때문이다. 계속 집에 있었기 때문에 전염병이 해결된 이후에는 외식 비중이 다소 증가할 수 있지만 연간으로 환산해보면 외식 소비는 순감소했을 확률이 높다. 연구분석을 진행하면서 우리의 소비 중 상당한 부분이 사회적 소비라는 것을 깨닫게 되었다. 개인이 자신이 바라는 사회집단에 속하기 위해 무언가를 소비하는 행위 말이다.

따라서 국내총생산에 가장 큰 타격을 입히는 것은 사회적 소비가 감소하는 것이다. 감염을 예방하기 위한 정부의 조치들은 이 사회적 소비를 감소시킨다. 단, 수급의 상호보완성으로 인해 발생하는 경제 타격의 규모는 각 시나리오에 따라 상이하다. 예를 들어, 휴교와 휴가 및 결근으로 인해 공급 충격이 심화될 수 있겠지만 수요 충격에 대한 영향은 제한적이다. 연구에 따르면 모든 변수를 고려했을 때 연간 국내총생산은 최대 6% 감소한다.

과연 전통적인 통화정책과 재정정책으로 사회적 소비 침체가 상쇄되는가? 이는 아주 부분적으로만 가능하다. 소비 감소가 특정 섹터에 집중되기 때문이다. 이전 연구에서 다루지 않은 보다 중요한 맥락은 은행에서 수요 급락으로 어려움에 처한 기업에 브릿지론(단기연결융자)을 제공하지 않을 때 발생하는 문제다. 은행에서 이미 부채가 있는 기업이 추가 단기대출을 상환할 능력이 부족하여 전염병 사태가 해결되기 전에 폐업할 것이라고 판단할 수 있다.

이런 맥락에서 세계 증시 붕괴의 가능성을 살펴보아야 한다. 코로나19는 거시경제적으로 일회성 충격이기 때문에 최근 증시 반응이 지나치게 과도했다는 마틴 샌부의 지적이 옳다. 그러나 많은 기업들이 사회적 소비의 일시적인 급락으로 인해 재정적인 위험에 처했다면 이것은 주식 위험 프리미엄의 상승을 의미하며, 우리가 최근 목격한 증시 폭락을 해석하는 데 도움이 된다('도움이 된다'고 표현한 것은 의도적인데, 그 이유는 충격의 상당 부분이 주요 증시 지표에 반영되지 않는 중소기업에 집중되기 때문이다). 만약 필자가 중앙은행 혹은 정부를 지휘하는 입장에 있었다면 대유행전염병 사태가 발생한 기간 동안에는 기업들이 파산하지 않도록 은행들과 방안을 미리 강구해놓았을 것이다.

경제는 의료보건 자원뿐만 아니라 건강 자체에 영향을 줄 수 있다. 유급휴가를 신청할 수 없는 일부 자영업자들, 그리고 금융 충격 완화 장치가 없는 사람들은 스트레스 상황에 노출될 수밖에 없다. 코로나19 확산과 관련된 우려사항 중 하나는 바이러스에 감염되어도 자가격리를 할 수 있는 형편이 안 되는 노동자가 많다는 것이다. 필자가 정부에서 일하고 있다면 코로나19 증상을 보이는 사람들이 신청할 수 있는 일종의 병가 펀드를 고려해볼 것이다.

정부는 공공 서비스 및 전기, 수도, 가스를 담당하는 공직자가 감염될 경우 서비스 제공에 차질이 없도록 준비해야 한다. 사실 대유행전염병에 대비하기 위해 정부가 해야 하는 일이 상당하다. 이런 때일수록 정부가 미래 지향적으로 발 빠르게 대응해야 한다. 영국 혹은 미국 시민으로서 정부가 이 상황에서 의무를 다할 것이라는 확신이 드는가? 이번 코로나19 사태로 그나마 얻을 수 있는 장점이 있다면 전문가의 의견을 무시하는 정치인에게 권력을 부여해서는 안 된다는 교훈일 것이다.

유로존이 사는 길

올리비에 블랑샤르
피터슨국제경제연구소

기본으로 돌아가서 두 가지 중요 사항을 짚어볼 필요가 있다. 이탈리아 정부는 다른 많은 국가의 정부들에 비해 매우 책임감 있게 행동하고 있다. 이탈리아는 단기적 경제 영향보다 보건과 전염병 통제를 우선시하고 있으며 이는 바람직한 방향이다.

이러한 노력을 기울이려면 상당한 경제적·재정적 비용이 필요하다. 그러나 지금까지 지속된 1% 이하의 금리 수준에서 지금까지는 10%~20% 단위로 부채비율이 대폭 증가하더라도 부채 지속가능성이 문제가 되지는 않는다. 하지만 우리가 알고 있듯이 이제는 오래 지속되어온 투자자들의 공포가 자기실현적 예언이 될 가능성이 높고, 이렇게 되면 부채의 지속가능성에 문제가 발생하는 새로운 균형점으로 상황이 옮겨갈 수 있다.

투자자들은 금리 인상을 요구함으로써 금리 부담을 키우고 정부의 활동을 어렵게 만들며 스스로 두려워하던 위기를 자초할 수 있다. 이렇게 되면 금리 인상은 불가피해진다. 따라서 특정 기관이 반대 기조를 유지하며 필요한 만큼 매수를 하고 저금리를 유지해야 한다. 유로존에서는 유럽중앙은행이 그러한 기관이 되어야 한다.

유럽중앙은행은 전면적통화거래 프로그램의 맥락에서 개입해야 한다. 그러나 이 개입에는 이탈리아와 유로존 회원국 모두의 합의가 필요하다. 이탈리아는 이러한 전면적통화거래 프로그램에 따르는 조건들의 수용을 꺼릴 수 있다. 조건은 매우 제한적이어야 하며 매우 쉽게 정의되어야 한다. 즉 위기 봉쇄를 위해 필요한 곳에 지출하고 위기가 종식되었을 때 지출을 서서히 멈추기로 약속하는 것이다. 그 후 프로그램은 전면적으로 중단되고 낙인이 남지 않아야 한다. 주저하는 국가들이 있을 것이다. 하지만 주저해서는 안 된다. 이것은 도덕적 해이가 아니며 과거의 죄를 처벌하는 것도 아니다. 도움을 필요로 하는 회원국을 돕는 일이며, 비용을 들이지 않고 유로존을 살리는 길이다.

유럽중앙은행은 직접 나서서 특정 금리로 이탈리아 국채를 매입할 준비를 갖출 수 있다. 일본중앙은행도 국채 매입으로 효과를 거뒀다.

납입자본비율과 개별국가의 채권을 33% 이상 매입할 수 없는 규정(이 한도는 아직 이탈리아에 적용되지 않았다)은 유럽중앙은행이 개입하는 데 걸림돌이 된다. 이러한 제약 사항은 일반적인 상황에서는 합리적이지만, 예외적인 시기에는 유예할 수 있으며 그렇게 해야만 한다.

이 시점에 전 세계가 절대 원치 않는 일은 '또 다른 유로 위기'다. 유럽중앙은행은 위기를 피해야 하며, 지금 그렇게 할 수 있다.

한국의 경험

정인교
인하대학교

코로나19 확산으로 한국 경제는 공급과 수요 모두 전례 없이 위축되는 위기를 맞고 있다. 초기 방역실패로 3월 초까지 한국은 중국 다음으로 코로나19 사태가 심각했으나, 희생을 무릅쓴 의사들의 동참과 성숙한 시민정신으로 점차 코로나 위기를 극복해나가고 있다. 하지만 잠재적 위험성은 여전히 높은 편이다. 3월 들어 전 세계로 코로나19가 확산되면서 상품과 사람 이동이 제한을 받게 되었고, 수출의존도가 높은 한국 경제는 과거 어떤 위기보다 더 큰 충격에 직면하고 있다.

코로나19는 팬데믹으로 선언되었다. 3월 말로 접어들면서 한국에서의 확산세가 꺾였지만 외국에서 입국하는 감염자 관리가 새로운 과제로 대두되었기에, 국제적으로 전염이 진정될 때까지 국경관리를 강화할 필요가 있다. 다만 긴급한 국제 비즈니스 출장은 건강진단서 확인을 조건으로 허용하도록 국제적 협력을 추진해야 할 것이다.

동아시아 외환위기(1997년), 사스위기(2003년), 글로벌 금융위기(2008년), 메르스위기(2015년)를 겪었으나, 이번 코로나19 위기는 파급영향 측면에서 과거 어떤 사례와도 비교하기 어렵다. 바이러스 전파를 차단하기 위해 사람 이동을 줄여야 하므로 경제활동이 위축되면서 국내외 수요가 얼어붙고 있다. 중국에서 조달하던 부품 하나가 없어 생산시설 가동이 중단되는 일까지 벌어지는 등 공급측면에서의 차질이 발생하고 있다. 코로나19 극복 및 경제회복은 국내만의 노력으로 가능하지 않다.

국제협력이 그 어느 때보다 절실하지만, 국제환경 역시 녹록치 않다. 2008년 글로벌 금융위기 때는 미국 금융시장이 문제가 되었고, 미국 주도의 글로벌 경기부양정책이 효과를 볼 수 있었다. 하지만 지금은 금융과 실물 모두 기반이 흔들리고 있고, 미국의 영향력도 예전만 못하다. 거기에다 국제유가까지 바닥을 치면서 자원 수출에 의존하는 신흥국 경제가 위기를 맞고 있고, 이들 국가의 위기는 세계로 전파되고 있다.

미국을 비롯한 많은 국가가 천문학적인 규모의 경기부양과 금융시장 안정 대책을 내놓고 있다. 그럼에도 불구하고 불안감이 줄어들지 않는 것은 앞서 설명한 수요 공급 동시 위축과 유가 하락으로 인한 위기가 시장심리를 지배하고 있기 때문이다. 감염병은 시간과의 싸움이라고 한다. 언젠가는 극복할 수 있다는 의미겠지만 국내 경제 피해를 줄이면서 극복하는 길을 찾아야 한다.

코로나19 극복 이후 세계경제 전망도 어둡다. 역글로벌화 상황이 전개될 수 있으나, 위축되었던 수요와 생산이 일시에 확장되면서 전례 없는 호황도 가능할지 모른다. 따라서 코로나19 확산 방지를 위해 사회적 거리를 유지하는 동시에 산업 생태계 기반이 무너지지 않도록 해야 할 것이다.

신천지의 대규모 감염

코로나19가 중국 전체로 확산되자 많은 동아시아 국가들이 중국발 승객의 입국을 금지했다. 그러나 한국은 코로나19 발병 지역인 중국 우한에서 오는 승객만 입국을 금지하고, 중국의 다른 지역에서 오는 승객에게는 검역을 강화하는 수준으로 대응했다. 이 시기 이미 중국 전역에 코로나19가 광범위하게 퍼졌

자료 1. 한국의 코로나19 확진자 및 사망자 추이

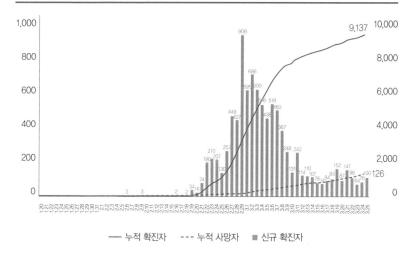

자료: 한국질병관리본부

을 것으로 판단한 싱가포르, 대만, 홍콩 등은 중국으로부터의 입국을 차단했
다. 중국발 입국 차단을 요구하는 의학계의 요구는 받아들여지지 않았다. 초기
대응실패 지적이 나오는 이유다.

국내 대응에도 문제가 있었다. 초기에는 한국 국내의 감염자가 거의 없었기
때문에, 정부는 질병 통제 대책이 효과가 있다고 확신했다. 대통령은 코로나 바
이러스를 지나치게 두려워하여 소비 활동과 일상생활을 억제할 필요가 없다고
발표했다. 하지만 2월 말(자료 1)부터 상황은 눈에 띄게 악화되었다. 특히 2월 중
순 대구와 경북 신천지 교단에서 대규모 집단 감염이 발생했다. 전체 확진자의
80% 내외가 이 지역에서 나왔다. 그리고 이 집단 감염은 대구지역 경제를 마비
시켰다. 정부에서 위기경보를 내렸지만, 이미 수도권을 비롯한 전국에 코로나19
가 퍼진 상황이었다.

한국은 바이오산업과 효과적인 의료 서비스 시스템 덕분에 대규모 진단검사
가 가능했다. 또한 많은 의료진이 자원해서 대구·경북 지역으로 지원을 갔다.

자료 2. 주요국의 코로나19 진단검사 실적(3월 12~13일 기준)

국가	인구(백만)	검사 수	100만 명당 검사 수
미국	329	13,624	41.8
일본	127	10,205	80.5
이탈리아	61	80,611	1,420.5
한국	51	248,647	4,831.3

자료: 옥스퍼드 대학교, 〈Our World in Data〉

한국 바이오산업은 코로나19 진단 키트를 신속하게 개발하고 생산라인 설비를 가동했다. 또한 한국 의료계는 마치 맥도날드와 같은 '드라이브 스루' 검사법을 고안했다. 이러한 혁신적인 검사방식 덕분에 한국은 하루에 1만 2,000건이 넘는 검사를 실시할 수 있었다. 이 실적은 리톨츠가 평가한 바와 같이 다른 국가들보다 훨씬 많았다(자료 2). 또한 확진자 대비 사망자 비율도 낮은 수준을 유지할 수 있었다.

세계 최초 드라이브 스루 검사 실시

한국 의사들은 전염성이 높은 코로나19로부터 의사를 보호하고 검사 속도를 높이기 위해 드라이브 스루 검사법을 고안했다. 검사소에 도착한 검사 대상자는 타고 온 차에 계속 머물면서 의료진의 샘플 채취에 응할 수 있다. 이어 의료진과 상담하고, 검사비 지불과 행정절차를 마무리할 수 있다. 이 모든 과정이 이루어지는 동안 검사 대상자는 차에서 나오지 않아도 된다. 미국에서 코로나19가 확산되자 3월 13일 미국 정부 역시 드라이브 스루 검사를 시작할 것이라고 발표했다. 유럽 다수 국가에서도 드라이브 스루 검사가 진행되고 있다.

방역이 본격 가동되면서 신규 확진자 수는 점진적으로 줄어들기 시작했다. 신천지 교인에 대한 검사가 한창이던 시점에는 최고 900여 명의 확진자가 나오기도 했지만, 이후 확진자 수는 점차 줄어들었다. 중앙재단본부 및 지자체들은 방역사각지대에 있는 시설을 집중 관리하고 있다.

경제적 충격

코로나19 전염이 빠른 속도로 퍼지자 미국은 코로나19가 확산되는 국가로부터의 입국을 금지시키고 뉴욕 등 주요 도시에 외출금지령을 내렸다. 금융경색을 우려한 미 연준은 제로 금리, 유례없는 회사채 매입 등을 통한 무제한적 통화팽창을 공언하고 있다. 경제적 충격이 어디까지 미칠지 가늠하기 어렵다는 판단 때문이다. 미국 재무부와 국토안보부는 코로나19가 국제무역을 완전 차단하는 수준으로까지 악화되면 GDP 손실이 클 것으로 예상하고 최악의 사태에 대비하고 있다. 골드만삭스 등 투자은행은 금년 2분기 미국 GDP가 20~30% 줄어들 것으로 전망하고 있다.

한국은 세계적으로 무역의존도가 높은 국가다. 만약 미국이 예상하듯 국제적 수요·공급이 막히는 최악의 상황이 오면 한국 경제는 미국보다 더 큰 충격을 받을 것이다. 국내 어떤 제조업이든 국제무역과 연관되지 않은 것을 찾기 어렵다.

신뢰성에 의문점이 제기되고 있지만, 중국에서 역유입을 제외한 코로나19 확진자가 더 이상 발생하지 않는다는 점(중국의 공식발표)은 다행이다. 한국의 대중국 수출은 전체 수출의 약 25%나 된다. 대부분의 제조업이 해당되겠지만, 수입품에 의존하는 기업들은 당분간 정상 조업을 기대하기 어려운 상황이다.

80% 이상의 항공편이 중단되었고, 해상물류도 지장을 받고 있어 업계의 불안은 깊어지고 있다. 현재 수많은 국가들이 한국발 여행객의 입국을 금지시키

거나 2주간 격리조치를 실시하고 있다. 국제 비즈니스에서는 대면 교류가 중요한데 인적 이동이 제한되니 중간재 무역과 투자 관리 및 해외 건설이 차질을 빚을 수밖에 없다. 대기업·중소기업은 물론이고 소상공인도 코로나19의 영향을 받고 있다. 대기업에 납품하는 중소기업이 수입 소재를 구하지 못해 조업을 못하고, 대기업은 중간재를 받지 못해 가동을 못하고 있다. 식당, 골목상권 등 영세소상공인은 손님이 끊겨 당장 생계가 끊길까 걱정하는 상황까지 갔다. 항공업계 등은 몇 달씩 무급휴직을 하고 있지만, 코로나19 사태가 장기화된다면 더 많은 기업들이 흑자도산하지 않을 수 없다. 이는 전 세계적인 현상이 될 것이며 국제적인 공조를 통해 산업 생태계 보호에 나서지 않으면 세계경제는 몇십 년 전의 상황으로 돌아갈 수 있다.

비상경제대책 가동

전대미문의 경제위기에 대응하기 위해 정부는 11조 7,000억 원의 추가경정예산을 국회에 요청했고, 대통령 주재로 두 차례의 비상경제회의를 열어 기업구호긴급자금으로 100조 원을 투입하기로 했다. 생활고를 겪는 최저소득계층은 물론이고 소상공인 및 중소기업과 대기업을 지원해 코로나19로 인한 산업 생태계 붕괴를 막기로 했다. 또한 소상공인을 위한 1조 4,000억 원의 긴급 경영자금이 기업에 조기 전달될 수 있도록 하기로 했다.

무엇보다 취약계층을 포함해 코로나19 영향을 직접적으로 받는 사람들을 재정적으로 지원해야 한다. 저소득 가정은 물론 코로나19로 인한 실직자(예를 들어 서비스업과 운송업 종사자)도 포함된다. 요식업, 도소매업, 관광업·여행업 등에 종사하는 소상공인들도 마찬가지다.

산업 생태계 붕괴를 최소화하라

한국 경제의 근간은 산업 기반에 있기 때문에 정부 정책의 기본 목표는 이 기반에 치명상이 가해지지 않도록 방지하는 것이어야 한다. 추가 지출은 산업 생태계의 붕괴를 방지하고 기업이 가능한 한 높은 고용을 유지하면서 '위기 터널'을 통과하도록 지원하는 방법 위주로 이뤄져야 한다.

재정적으로 한계가 있더라도 코로나19 팬데믹으로 인한 산업 생태계 붕괴를 최소화하는 데 사용해야 한다. 위기가 더 커지기 전에 100조 원의 상당 부분을 조기 집행하여 흑자도산을 막아야 하며, 향후 상황을 봐가면서 필요시 동원할 재원 확보 방안도 모색해야 할 것이다. 전체 산업 생태계 유지를 위한 정책 목표와 시점을 명확하게 수립해야 한다.

재정적 지원만으로는 위기 극복이 어려울 수 있다. 분명 전 세계적으로 실업난이 심각할 것이다. 규제 완화를 통해 대기업이 신규 산업에 진출할 수 있도록 투자 환경 개선안을 모색해 좋은 일자리를 많이 창출해야 한다. 장기적으로는 코로나19 극복 이후 산업의 원활한 구조조정 촉진을 위한 정책을 수립해야 한다. 이런 기업들을 위해 부품 조달에 필요한 유동성 있는 외화 지원, 조달의 다각화, 필요한 경우 원활한 구조조정 지원, 재정 파산 대응책 등을 모색해야 한다. 또 현금 유동성 위기를 완화시킬 수 있는 직접적인 방법으로 고정지출을 줄여줄 수 있는 방안을 서둘러 실시해야 한다. 매출이 급감해도 기업은 여전히 임대료, 임금, 온갖 세금, 사회보험료를 지불해야 한다. 코로나19로 인한 위기가 수개월 지속될 것으로 예상되기 때문에, 일정 기간 세금과 보험료 등 공공요금 납부를 중단 또는 유예시켜주는 조치가 시급하다.

외환 보호막 강화

1990년대 말 아시아 금융위기에서 얻은 호된 경험에서 보듯이, 한국은 금융시장 불안에 아주 취약하다. 미국에서 코로나19가 급속도로 확산됨에 따라 실물경제에 이어 금융시장 혼란이 지속되고 있다. 이에 따라 국내에서는 환율이 급등하고 기업들은 수입품 결제를 위한 달러 수급에 어려움을 겪고 있다. 이런 상황이 지속되면 융통자금을 빌리거나 롤오버(만기에 이른 채무의 상환을 금융기관이 연장해주는 조치-옮긴이)하기도 더 힘들어질 것이다.

과거 한국의 경험에 비추어 보았을 때, 국가 경제 위험도가 올라갈 때 가장 먼저 노출되는 것은 항상 달러였다. 한국의 외환보유고는 4,290억 달러에 달한다(2020년 3월 13일 기준). 세계 10위권에 들어가는 높은 수준이지만 한국의 경제 규모에 비하면 충분하지 않다. GDP가 한국의 3분의 1인 대만 외환보유고는 4,800억 달러로 한국보다 훨씬 많다. 투자자들이 불안해하면 외국 투자자의 자금이 갑자기 빠져나갈 수 있으므로 이에 대한 방지책을 준비해야 한다. 미국 및 일본과 통화스왑을 체결해야 하는 이유가 바로 이것이다. 이를 촉진시키기 위해 한국 정부는 일본과의 정치적 대립을 끝내야 한다.

다행히 미국과는 600억 달러 통화스왑 협정을 체결했다. 3월 9일자 〈월스트리트저널〉의 보도 내용대로, 미국은 주요 교역국과의 통화스왑 확대 필요성을 제기했다. 미 연준의 무제한 양적완화 발표에도 세계 금융시장 혼란이 지속되면서, 자칫 달러 기축통화 지위가 흔들릴 것을 우려한 미 당국의 선제적 조치가 있었기에 통화스왑 체결이 가능했다.

한·일 간 정치경제적 대결 구도 지속으로 통화스왑은 거론조차 하기 힘든 상황이다. 세계 경제위기 극복을 위해서는 국제협력이 절실하다. 한·일 관계를 미래지향적으로 변화시켜야 하며, 국내 금융시장 안정을 위해 통화스왑 체결을 논의해야 한다. 그리고 향후 경제상황을 봐가면서 미국과 체결한 통화스왑의 한도도 늘릴 수 있도록 협의해야 할 것이다.

투자 유도를 위한 규제완화

정부의 지원에도 불구하고 다수 기업의 도산이 불가피할 것이다. 코로나19 이후 상황을 고려하여 산업당국은 산업 구조조정 계획을 수립해야 한다. 한국의 GDP 중 30%는 투자와 관련이 있다. 미국의 투자비중이 10%이고, OECD 평균 20%에 비하면 우리나라의 투자 의존도는 훨씬 높은 수준이다. 내수가 위축된 상황에서 투자를 늘리지 않고 일자리 창출과 경제회복을 기대한다는 것은 비현실적이다. 산업의 패러다임을 바꾸는 투자를 적극 유도해야 한다. 한국은 대기업에 많은 규제를 가하고 있어 신규 산업에 대한 국내 대규모 투자가 이뤄지지 않고 있다는 지적이 적지 않다.

정부는 투자 환경을 개선시켜 기업이 새로운 일자리를 창출하도록 독려해야 한다. 세금으로 만든 일자리는 지속되기 어렵다. 좋은 일자리는 기업의 투자로 이루어진다. 기업 투자를 활성화시키려면 적극적인 규제완화, 선진국 수준의 법인세 인하, 투자에 대한 세제 혜택 같은 조치를 적극 도입해야 한다. 노동시장 규제도 풀어야 한다. 특히 중소기업들은 최저임금 인상, 주 52시간 근무제 등 과도한 노동시장 규제로 사업 의욕을 잃어가고 있다. 기업 활동을 옥죄는 규제는 유지하면서 긴급자금을 풀어 기업을 돕겠다는 것은 경제위기 극복의 올바른 해법이 아니다.

맺음말

전 세계적으로 코로나19가 극적으로 퇴치되지 않으면, 2020년 세계경제는 마이너스 성장을 기록할 가능성이 크다. 하지만 코로나19가 극복되고 사람 이동 제한이 풀리면 세계경제는 일시에 반등하게 될 것이다. 위기 후 기회가 생길 수도 있다. 과제는 그동안 바이러스에 감염되지 않고 개인 건강을 유지하면서,

국가적으로는 산업 생태계를 유지하는 것이다.

국내 상황이 호전되고 있지만 완전방역 단계에 도달할 때까지 안심할 수 없다. 의료계에 따르면 코로나19가 전염성 높은 감염병이긴 하지만 결국 극복될 것이라고 한다. 특히 사회적 거리두기가 가장 확실한 방역방법이라고 한다. 결국 개인의 방역 노력이야말로 국가적 재난 극복에 가장 중요한 요소인 것이다. 우리는 코로나19가 관리될 수 있는 수준으로 사그라질 때까지 조금 더 참아야 할 것이다.

PART
3

코로나19가 바꿔놓을
뉴노멀

팬데믹이 불러올 또 다른 전염병
경제민족주의

|

아담 S. 포센
피터슨국제경제연구소

코로나19 팬데믹으로 취약해진 세계 경제에 '경제 민족주의'라는 또 다른 전염병이 퍼지고 있다. 겁에 질린 사람들과 정치인들은 가장 가까운 이들만을 챙기고, 의료 장비, 약품, 달러 유동성, 지역 시장, 수출 기회 심지어는 좀 더 가난한 국가들을 원조해야 할 몫까지 내 집, 내 나라 안에 비축해두려고 한다. 그들은 그들에게 필요한 모든 것을 끌어안고, 그것들을 나눠 가질 친구는 계속 줄이고 있다. 이는 부분적으로 고립적이고 전제적인 성향을 띤 정부들에 의해 제시된 정책 어젠다의 결과다. 도널드 트럼프 대통령이 대표적인 예이며, 브라질, 헝가리, 인도, 필리핀, 폴란드, 영국도 이런 경향을 보인다. 이들은 그들이 민족주의 선조들이 1920년부터 1930년대까지의 불황과 혼란 속에서 기회를 포착하려 했던 것과 꼭 같이, 현재의 위기에서 기회를 찾고 있다. 오늘날의 경제 민족주의자들은 한 세기 전의 파시스트들 보다도 승리를 누릴 자격이 없다. 두려움 때문에 자원을 독점하려 하는 것은 이해하지 못할 일은 아니나, 이는 역효과를 초래하는 비생산적인 일이며 결국 더 비싼 대가를 치러야 할 것이다.

공황 상태에서 국가주의 정부가 자국만을 보호하려 하면 다른 모든 상황이 악화된다. 이것은 공중보건 측면에서나 거시경제학적으로도 이미 오래전에 입증된 사실이다. 수요는 축소되고 자산 가격은 급락한다. 유동성과 신용은 사라진다. 주요 부품, 숙련된 노동력, 식품과 의약 공급 부족 현상이 나타난다. 전면적인 자급자족을 시도하여 세계 경제와 자국을 분리하려는 국가들은 시간이 흐르면서 결국 자원 조달 부족과 피할 수 없는 국지적 쇼크로 인해 더 많은 고통을 겪게 된다. 현재의 위기를 피하려다 더 가혹한 결과를 초래하는 꼴이다.

경제 민족주의는 결코 승리할 수 없다

브라질리아, 델리, 워싱턴 등지의 민족주의자들이 주창하는 보호주의적 고립 정책 체제는 경제 분야에서 정치적 편애와 차별을 초래한다. 이는 곧 부패와 탄압을 낳을 뿐 아니라, 팬데믹이 아닌 상황에서도 투자와 생산성 하락 추세를 유도한다. 더불어 이런 체제는 세계적 갈등과 약소국 착취의 위험을 높인다. 팬데믹이 진정된 후 이러한 기회주의적 전염병이 만성 상태가 되지 않도록 하는 게 경제 회복에 대단히 중요할 것이다.

그렇지만 국제적 경제 정책 협력을 위해서는 먼저 코로나19가 부채질한 정치적 두려움과 책임 전가를 극복해야 한다. 트럼프 행정부의 선택적 무역 전쟁은 미국과 다른 정부 사이의 관계를 약화시켰다. EU를 비롯한 G20 국가들 사이의 이민 논란은 불신을 키웠고, 중국의 야망과 관행에 대한 의구심은 점점 커져 IMF, 세계은행, WTO 내 의사 결정 능력은 물론 자원 활용 가능성까지 떨어뜨렸다. 민족주의 정치인들은 2008~2012년 금융위기 때 사람들이 느꼈던 기술적, 협력적 해법들에 대한 실망감을 그들이 원하는 결과를 끌어내는 데 이용해왔다. 현재 우리가 마주한 외교 실패와 혼란은 그들이 희망했던 결과다.

좋은 소식이 있다면 G20 경제 정책 협력이 꽤 구체적이고 긍정적인 성과를 낼 수 있다는 점이다. 많은 경제 민족주의자들은 세계 정부를 야심의 온상이라며 '세계주의'나 '국제적 협력'을 공격한다. 하지만 과거 위기에서도 G20 협력은 이웃궁핍화정책(타국의 희생 위에 자국의 번영이나 경기 회복을 도모하려는 국제 경제정책)과 같은 기회주의가 확산하는 것을 막음으로써 성공을 거두었다. 비록 수요 진작과 재정적 구조조정을 공동으로 실행하는 데 실패해 각국이 스스로 노력하여 경제위기를 극복해야 했지만 말이다. 그러나 적어도 국제협력을 통해 보호주의 확산은 막을 수 있었다.

주요 정책 부문에는 경험이 바탕이 된 유용한 어젠다가 있어야 한다. 이 어젠다는 공중보건 조치와 상충하지 않아야 하고 지출을 늘리지도 않아야 한다. 또한, 협력적이어야 하며 개별 국가의 정부가 나쁜 정책을 배제하고 시기적절하게 행동할 수 있도록 해야 한다. 하지만 무엇보다 중요한 것은 각국 정부가 이러한 장기 협력 목표를 행동 규범으로 받아들여야 한다는 점이다. 지금 같은 시기에 명확히 서로 다른 이슈들을 함께 엮는다거나 순간을 틈타 국제적인 조직을 확장하려는 시도는 오히려 역효과를 낳을 것이다. 위기에 효과적으로 대응하는 데 그런 야망은 필요치 않다.

인플레이션 타깃을 모두 함께 높이고
고정 소득자가 직면한 패닉을 막아주어야 한다

이번 위기에서는 거시경제 안정화를 위한 재정정책을 전면에 세우고 통화정책은 뒤로 물러나게 해야 한다. 팬데믹으로 인한 불황의 성격이 무엇이든, 금융 완화 정책의 역량과 영향은 장기 침체아 저금리 환경 탓에 이미 제한된 상태다. 특히나 금융 흐름이 아닌 영업 활동과 노동 서비스 제공이 중단되었고 다른 공급 쇼크들도 있다는 점을 고려하면, 통화정책 사용은 팬데믹 상황에 적절치 못하다. 중앙은행이 통화 긴축을 제어하고 실질 이자율의 상승을 방어하는 정도의 도움을 줄 수는 있겠으나 역시 재정 확대가 가장 중요한 역할을 할 것이다. 따라서 고정 소득자에게 닥친 패닉을 막는 데 주력하는 통화정책이 필요하며, 주식 시장이 아닌 신용 대출 시장에 중점을 두어야 한다.

국제적 통화정책 협력에서의 최선은 각국 정부의 경기 부양 의지와 신뢰도를 높이고 어느 국가도 성급하고 우발적인 긴축을 시행하지 않는 것이다. 누구도 경기 부양에 따른 인플레이션 기대 효과를 간과해서는 안 된다. 그러나 이제까지 중앙은행들은 성급하게 통화를 긴축하는 실수를 되풀이해 왔다. 2000년 일본은행이 그랬고, 2011년 유럽중앙은행이 그랬으며, 2018년 연준이 그랬다. 어떤 중앙은행도 다른 국가에 디플레이션을 수출해서는 안 된다. 따라서 주요 중앙은행들이 장기적 인플레이션 목표를 상승 조정할 때는 반드시 연대해야 한다. 일정 유예기간을 두고 평균 2%로 맞추겠다는 식의 솔직하지 못한 자세는 금물이다. 실물경제의 회복과 관계없이 불거진 요인으로 중기적 인플레이션 예상치를 상승시켜야 한다면, 모두 함께 인플레이션 목표를 높여야 한다. 이러한 공동 조치가 장기적인 명목 금리와 물가 상승 기대치 상승에 불충분한 것으로 입증된다면 우리는 인플레이션을 유발하는 것이 정책에 대한 기대가 아니라 경제의 실물 측면이라는 점을 확실히 알게 될 것이다. 그렇다면 경기 부진에 대응해 공격적인 재정정책을 펴야 한다는 주장은 더욱 설득력을 얻게 될 것이다.

다음으로 중요한 것은 환율정책에서의 국제적 협력이다. G7, 중국, 기타 G20 회원들은 2012년 이래 서로에게 불리한 환율 조정을 않기로 한 합의를 충실히 지켜왔다. 관련국들은 이 합의를 공개적으로 재확인하고 팬데믹이 이어지는 동안 독단적인 외환시장 개입은 하지 않을 것을 선언해야 한다. 이는 달러, 위안, 엔, 유로, 노르웨이 크로네, 영국 파운드, 스위스 프랑 같은 다른 안전 통화 사이의 환율이 현재 수준에서 안정된다는 것을 의미한다. 모든 주요 경제국들이 팬데믹의 영향 아래 있기에 금리를 움직일 여지가 거의 없고, 모두 같은 확대 방향으로 거시 정책을 추진해야 하며, 설령 회복이 빠른 곳일지라도 수입 확대 여지가 제한적이기 때문에 환율을 심각하게 변동시킬만한 합당한 이유가 없다. 통화 가치의 저평가, 고평가를 논하는 이들이 보기에 G20 국가 간 통화 가치의 격차나 안전 통화 간의 격차가 역사상 최저를 기록하고 있기에 지금의 수준 자체는 문제가 되지 않는다.

금융 안정화 정책은 중앙은행이 재정 기관들과의 협력을 통해 변화구를 만들어 볼 수 있는 부분이다. 가장 근본적인 경제 과제는 특히 심각한 타격을 입은 부문인 관광, 서비스, 오프라인 소매업, 그리고 일부 운송업에 자금을 지원하고 고용을 지원하는 일이다. 일부 항공과 호텔 체인 등의 예외가 있을 뿐 이 부문의 기업들은 보통 중소규모로 시간제, 계약제 등 병가가 보장되지 않는 비정규 노동력을 이용한다. 중소기업에 대한 대출 연장, 무역 금융과 팩터링(외상 매출금을 담보로 하는 융자─옮긴이) 제공은 대단히 큰 영향을 미칠 것이다. 영국과 유로 지역에서는 이미 이와 유사한 정책들을 발표했다. 가장 중요한 것은 대출연장의 일정 부분은 이용 가능한 유동성과 연계돼야 한다는 점, 경제적으로 가장 타격을 입은 부문에의 대출에 대해 은행감독기관들이 지나치게 엄격한 잣대를 들이대서는 안 된다는 점이다.

각국의 은행감독기관들은 은행들이 기업 대상 상호 대출연장에 합의하도록 해야 한다

이 분야에서도 비생산적인 역효과를 낳는 경제 민족주의 정책이 발을 들이지 못하도록 국제적 협력이 요구된다. 2008년 금융위기 이후에도 많은 국가에서 소규모 기업 융자의 상당 부분이 외국계 은행에서 이루어지고 있으며, 여진히 대출 채권이 형태가 바뀌어 재매각되는 일이 계속되고 있다. 은행감독기관들은 타격을 입은 각국의 소규모 기업들에 대한 상호 대출연장에 동의해야 한다. 그렇지 않으면 감독기관들이 해외로 진출한 자국 은행에 대출자금을 회수해서 국내로 들여오도록 하는 정책을 쓸 수 있다. 자국의 대출 여력을 확보하기 위해 진출국의 중소기업들을 희생시키는 것이다. 두 국가가 서로 역외대출을 회수한다면 뺏고 빼앗기는 과정에서 결과적으로 손해도 이익도 거두지 못할 수 있다. 하지만 이러한 자금흐름의 경색은 대단히 파괴적인 영향을 끼칠 수 있다. 예컨대 소규모 대출자들은 대출기관을 쉽게 바꿀 수 없고, 오늘날 신용 없이는 잠시도 살아남을 수 없기 때문이다. 또한, 개발도상국을 포함해 유동성 축소를 겪고 있는 일부 국가는 이 과정에서 순 대출 여력이 마이너스로 전환될 가능성이 더 크다. 이런 위험 때문에 금융시스템의 익스포져(리스크에 노출된 금액) 정보를 국제적으로 공유하는 일도 필요하다.

글로벌 금융 안정화 측면에서 고려할 또 다른 사항은 코로나19 위기 상태에서 달러 유동성을 여하히 확보할 수 있느냐는 점이다. 2008년 금융위기 동안 미국 연방준비제도이사회의 주요 국가에 대한 달러 스왑(자국 통화를 예치하고 달러를 빌려다 쓰는 것) 확대는 글로벌 외환위기 가능성을 제어하는 데 톡톡한 기여를 했다. 이런 측면에서 2020년 3월 16일 월요일, 주식시장 개정 전 연준과 5개의 중앙은행이 발표한 "미국 달러화 유동성 공급 개선을 위한 중앙은행 간 공조"는 매우 적절한 조치였다. 트럼프 행정부 내 경제 민족주의자들은 왜 우리가 살만한 나라들을 도와주어야 하느냐며 스왑 거래를 비난할 수 있다. 그러나 지금은 스왑을 회피할 수 있는 상황이 아니다. 스왑 거래가 없었다면 현재 우리가 직면한 금융 패닉은 눈덩이처럼 커져 본격적인 경기침체를 가속했을 가능성이 크다. 달러 스왑의 확대를 위해서는 유럽과 치앙마이 이니셔티브(동아시아 지역의 외환위기 발생 방지를 목적으로 동남아시아 국가 연합과 한국·중국·일본 세 나라가 체결한 통화 교환 협정) 간에 맺은 유로 스왑이 우선 실행돼 그 효과를 입증해야 한다. 유로 스왑이 성공하면 미국은 이를 달러화의 위상에 대한 도전으로 받아들일 것이고, 이는 의회와 트럼프 행정부 내 달러 스왑 확대 반대여론을 잠재우는 데 도움이 될 것이기 때문이다.

'눈에는 눈 이에는 이' 무역보복과 사재기

무역 정책은 시시각각 암울해지고 있다. 너도나도 국가 간 '울타리 세우기'

를 진행하는 가운데 '눈에는 눈 이에는 이'로 맞붙는 보복이 확대되고 있다. EU는 인도에서 시작된 의약품 의료장비 수출 제한에 동참했다. 미국은 성능이 더 우수한 외국제품으로 국내 생산을 대체할 수 있음에도 불구하고 자국 내 생산에 매달렸다. 코로나 19 진단키트가 그러한 예이다. 미국은 성능 좋은 외국제품의 국내 라이선스 생산조차 거부했다. 70년 우방을 유지해 온 독일과 미국은 독일 생명공학 기업의 인수 문제를 두고 싸움을 벌이고 있다. 트럼프 행정부가 이 기업을 인수하면 미국이 백신을 독점할 수 있다고 생각하고 고집하기 때문이다.

1~2주 전 G20의 재정 부양책 합의에 고무된 일부 이상주의자들은 관세 인하를 제안했다. 그러나 관세 인하는 전혀 현실적이지 않다. 현재로서는 무역 전쟁만 막아도 다행이다. 개인이 화장지를 사재기하는 단계를 뛰어넘어 미국이 식량을 사재기하는 상황을 상상해보라. 이런 종류의 초-보호주의(uber-protectionism)는 근시안적으로는 합리적으로 보일지 모른다. 그러나 이는 결국 가장 큰 규모의 경제국마저도 취약하게 만들 것이다. 공급은 줄고 가격은 올라 개발도상국 내 빈곤층은 기본적인 생활도 할 수 없게 될 것이다. 이는 다시 질병의 확산과 지속성을 한층 강화해 생물학적 전염성도 높이는 결과를 가져올 것이다.

환태평양경제동반자협정 회원국과 EU, 중국은 반드시 상호 무관세 원칙에 합의해야만 한다. 이에 참여하지 않는 국가는 향후 관세인상과 무역 전환의 위협을 받을 수 있을 것이다. 의료 장비, 약품처럼 중요한 영역에서는 각국 정부가 공급가능량과 생산설비를 공동으로 보고하는 시스템을 마련해야 한다. 이런 조치에는 선진 경제 국가 간, 그리고 개발도상국에 대한 명확한 상호 수출 합의와 함께 각국이 생산 확대를 약속하는 내용을 포함할 수 있다. 요즘 미국 정부는 시장 개방이 미국에 불리할 때만 무역에 관심을 보인다. 그러나 실제로 관세 협정을 이뤄낸다면 미국 정부 또한 해법을 찾으려 나설 것이다. 우리는 미국 정부가 공동노력에 동참하게 되기를 기대한다. 관세유예협정에 참여한 모든 국가의 정부는 협정에 참여하지 않은 국가와 어떤 형태의 무역 협상도 중단해야 한다. 내가 2017년 1월 브뤼셀에서 경고했듯이, 트럼프의 무역 정책은 중국과 EU가 언젠가 미국 정부의 뒤통수를 후려칠 수밖에 없는 상황을 만들 것이다. 그리고 팬데믹은 그 상황을 피할 수 없게 만들고 있다.

교역상대국을 착취하는 보호주의 정책의 악순환을 멈춰야 한다

코로나19에 대응하는 세계적 경제 정책 협력 어젠다는 쉽게 설득할 수 있는 문제가 아니다. 그러나 경제적 측면과 문제해결을 위한 진정성 측면에서 보면 틀림없이 고려해볼 만한 대안이다. 우리는 국제적 공조가 갖는 힘을 포기해서는 안 된다. 이미 독일의 집권 연합은 태도를 180도 바꿔 건설적인 재정 부양책을 실행하기로 했다. 영국의 보수당 정부도 공중보건 정책을 전염병 통제 쪽으로 전환했고, 중국의 시진핑 정부는 자국의 공중보건 문제를 비교적 투명하게 보도하고 의료용품 수출과 원조를 하고 있다. 전쟁의 참호 속에서는 누구나 신을 찾고 동지를 찾는 법이다. 2008~2012년에 시도한 국제적 정책 공조 노력은 그다지 큰 성공을 거두지 못했다. 그러나 적어도 교역상대국을 착취하는 보호주의의 악순환에 제동을 걸어 더 큰 악화는 막을 수 있었다. 우리는 경제 민족주의에 맞설 수 있다. 기회주의자들이 취약한 시기를 이용해 우리를 더 큰 곤경에 빠뜨리는 일을 막아낼 수 있다.

재정을 통한 영구적 부양책을 옹호한다

폴 크루그먼
뉴욕시립대학교

분명히 해둘 것이 있다. 우리는 코로나19와 같은 일이 일어나리라는 것을 알고 있었다. 아니, 알고 있어야 했다. 정확히 이 팬데믹을 예상했어야 한다는 의미가 아니다. 공중 보건 전문가들이 오래전부터 오늘날 사태의 발생 가능성을 경고해오기는 했지만 말이다. 우리가 언젠가(어쩌면 멀지 않은 장래에) 전형적인 통화 정책으로는 상쇄시킬 수 없는 부정적인 경제 쇼크에 직면하게 되리라는 것을 알고 있었어야 했다는 것이다. 이렇게 표현하고 싶다. 또 장애물에 부딪히게 될 때가 언제인지는 아무도 알지 못한다. 하지만 일단 이런 일이 생기면 완충장치가 사라지리라는 것은 누구나 알고 있었다.

지금 우리가 만난 것이 팬데믹이라는 형태를 띤 바로 그 장애물이다. 정책 결정권자들은 이 커다란 문제를 해결할 정책을 마련하기 위해 비상의 노력을 하고 있다. 이들이 내놓은 당장의 조치들에 대해서 하나하나 왈가왈부할 생각은 없다. 다만 재정 부양책에 대한 옹호론이 압도적이라는 말만 남길 생각이다.

여러 말 하는 대신 진짜 제안하고 싶은 핵심은 미래에 유사한 사태가 많이 벌어질 것이기 때문에 이를 보다 쉽게 처리할 수 있는 장기적인 정책을 마련하라는 것이다. 미국을 대상으로 제안하고 있지만 비슷한 논리를 선진국 전체에도 적용할 수 있다.

그럼 시작해보자. 우선 차기 미국 대통령과 의회가 넓은 의미의 공적 투자(사회 인프라는 물론이고 연구·개발과 아동 발달에 이르기까지)에 고정적으로 GDP의 2% 이상을 사용할 것을 제안한다. 이를 위해 정부가 부채를 통해 자금을 조달하더라도 이를 되갚지 않고 지속적으로 2% 공적 투자 비율을 유지하는 조건이다. 이것이 왜 신중하고 생산적인 조치인지 설명하기로 한다.

저금리 시대를 산다는 것

세계 금융 위기 이후 12년이 지났지만 우리는 여전히 저금리의 세계를 살고 있다. 이 시점에서 저금리가 새로운 현상이 아닌 것은 분명하다. 즉, 우리는 장기적인 침체의 시대를 살고 있다.

로렌스 서머스는 2013년 한 세미나를 통해 장기적인 침체에 대한 우려를 제기했다. 하지만 지금도 많은 사람들이 그 개념에 대해 혼란을 겪고 있다. 장기 침체란 경제가 전혀 성장하지 않거나 항상 부진한 상태라는 것을 의미하지는 않는다. 장기 침체는 평균적으로 자연 금리(완전 고용 상태의 금리)가 매우 낮다는 의미다. 기술 주도의 투자 물결이나 거품이 일시적으로 경제를 부양할 경우에는 완전 고용의 기간이 있을 수 있다. 하지만 대체로 제로금리로도 생산과 소비의 격차를 없앨 수 없을 정도로 민간 수요가 부진하다.

자료 1은 이 점을 잘 보여준다. '부양책이 없을 때'라는 이름이 붙은 곡선은 제로금리정책 시 시간에 따른 아웃풋 갭의 가상적 움직임을 보여준다. 물론 정책 금리가 항상 0인 것은 아니다. 경기가 좋을 때 곡선이 0위로 올라가면 중앙은행은 금리를 올리고 고점을 찍을 수 있다. 하지만 경기가 나쁠 때는 전형적인 통화 정책이 무력해질 것이다.

그리고 이런 불경기는 매우 흔하게 나타나서 이제는 불경기가 비정상이 아니라 정상인 상황이 전개되고 있다. 미국은 지난 12년 중 8년을 유동성 함정에

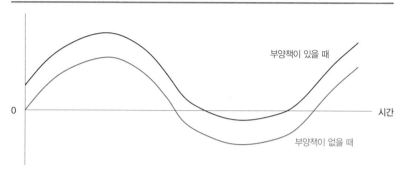

갇혀 있었다. 유럽과 일본은 여전히 그 덫에 갇힌 상태이고, 현재 시장은 이런 상태를 뉴노멀(New Normal)로 받아들이는 듯하다.

대규모 공공 투자가 필요하다

지금으로서 우리는 파격적인 통화 정책과 재정 부양책의 조합으로 이 상황에 대응하고 있다. 하지만 이런 비전형적인 정책의 효과와 장기적인 영향에 대해서는 강한 의문이 남아 있다. '빠른' 조치를 취해야 할 필요성으로 인해 재정 부양책의 형태가 제한받고 있기 때문이다. 저금리와 더 나은 사회 인프라, 아동의 건강과 영양 분야에서의 명백한 필요성을 감안할 때 대부분의 부양책은 물리적 자본과 인적 자본 양쪽 모두에 대한 공적 투자의 형태를 취해야 할 것이다. 그러나 그런 투자는 빠르게 늘릴 수가 없다. 따라서 지속적인 적자재정을 통한 대규모 공적 투자에 나설 것을 제안한다.

자료 1의 위쪽 곡선은 대규모 공적 투자의 효과를 잘 보여준다. 대규모 공적 투자가 제로금리로 인한 부정적 경제효과의 기간과 깊이를 모두 축소시킬 수 있다는 걸 말이다. 또한 재정부양책이 경제를 지지할 수 있도록 하며 부양책이 생산적일 수 있음을 보여준다. 재정적자를 통한 공적 투자가 경기 회복 시 민간 투자의 규모를 제한할 가능성이 있는 것은 사실이다. 그러나 올리비에 블랑샤르가 2019년 전미경제학회(AEA) 회장연설에서 주장했듯이 저금리는 민간 투자 수익률이 낮다는 것을 의미하기 때문에 이 역시 큰 문제는 아니다.

부채가 문제가 아니다

영구적 경기 부양책을 지지하는 의견에 대항하여 이것이 공공 부채를 증가시킨다는 명확한 반대 의견이 존재한다. 얼마 전까지만 해도 정책 결정권자들이 높은 GDP 대비 부채비율의 위험에 집착하고 있다는 주장이 있었다. 하지만 그런 우려는 부적절한 것이며, 저금리 시대의 부채와 이자만 계산해보아도 영구적 부양책이 실행 가능하다는 점을 명백히 알 수 있다.

가상의 경제국을 생각해보자. 이 나라를 '아메리카'라고 부르겠다. 이 경제의 현재 공공 부채는 GDP의 100%이다. 이 경제는 평균 연 4%의 명목 GDP 성장이 예상된다. 절반은 실질 성장이고 절반은 인플레이션에 의한 것이다. 평균적으로 부채에 대해 2%의 이자를 지불한다고 하자. 실제 숫자는 나의 생각과 정확히 일치하지 않을 것이다(지금으로서는 성장 전망이 좀 더 낮을 것이다. 하지만 금리는 더 낮을 것이다). 그러나 이 정도면 내가 말하고자 하는 포인트를 개진하는 데 충분하다.

결국 GDP 대비 부채비율을 안정화시킨다면 재정 정책은 지속가능해진다. 금리가 성장률보다 낮기 때문에 우리의 가상 경제는 근본 적자(이자 지급을 포함하지 않는 적자)를 유지하면서 부채 비율을 안정화시킬 수 있다.

d를 GDP 대비 부채비율, b를 GDP 대비 기초 재정 수지 비율, r을 금리, g를 성장률이라고 하면, 부채 역학 방정식은 다음과 같다.

따라서 d = 1(부채가 GDP의 100%)인 나의 가상 사례에서는 GDP의 2%인 근

$$d = -b + (r-g)d$$

본 적자를 유지하면서 부채 비율을 안정화시킬 수 있다. 이자 지급을 고려하면, GDP의 4%에 해당하는 구조적 적자로 해석된다. 우리의 실제 적자는 그보다 크지만 투자에 아무 효과가 없어 보이는 트럼프의 법인세 인하를 취소하면 그 범위로 돌아갈 수 있을 것이다.

이제 회수의 전제조건 없는 GDP 2%의 대가 없는 공적투자 프로그램을 도입해보자. 부채 비율은 올라갈 것이다. 하지만 무작정 올라가지 않는다. 다른 변수가 없다면, d는 결국 2, 즉 GDP의 200% 내에서 안정될 것이다. 끔찍한가? 왜 그렇게 생각하는가? 부채에 대한 이자 부담을 논하려 하지 말라. 이미 계산에서 고려한 변수다. 부채 위기를 겪을 수도 있다. 하지만 일본의 부채는 GDP의 200%를 넘었지만 눈에 띄는 위기를 겪고 있지 않다.

'결국'이라는 말이 의미하는 기간은 상당한 장기가 될 것이다. 이 부채 역학 방정식의 수렴율은 0.02다. 이런 비율을 전제하면 부채비율이 지금보다 1.5배로 올라가는 데 35년이 걸린다. 달리 말해 나의 영구적 경기부양계획을 도입하면 2055년까지 GDP 대비 부채 비율을 겨우 150%까지 높아질 뿐이다. 영국은 근대 역사의 대부분에서 150%를 초과하는 부채비율을 기록해왔다.

35년은 매우 긴 시간일 수 있다. 장래에 세상이 어떻게 될지 누가 알겠는가? 20년짜리 공적 투자 프로그램도 대부분의 사람들에게는 영구적으로 간주될 것이라고 생각한다. GDP 2%에 달하는 '과도한' 공적 투자 프로그램을 20년간 지속한다고 가정하더라도 부채 비율을 GDP의 100%에서 133%로 올릴 뿐이다. 역사적 기준에서 보았을 때 절대 걱정할 만한 수치가 아니다.

부채 비율의 증가가 누적 적자 지출의 증가보다 느린 이유가 궁금한가? 성장률보다 낮은 이자율로 인해서 부채의 악순환의 반대현상이 반복되기 때문이다. 높은 이자율이 적자 규모를 더 키우는 눈덩이 효과 대신에 높은 성장으로 인해 GDP 대비 비율이 낮아짐에 따라 부채 비율은 희석될 수밖에 없다.

재정 부양책 반대론에 대한 비판

내 주장에는 타당한 반대가 있을 수 있다. 영구적 재정 부양책이 금리를 높이지 않는다고 묵시적으로 가정했으나 그것은 안전한 가정이 아니다. 우선 경기 부양책을 실시하면 생산이 수요보다 많은 기간이 짧아질 것이고 경기가 살아나는 조짐을 보이면 연준이 금리를 약간씩 더 올릴 수 있다. 하지만 상쇄 요인도 있다.

첫째, 경제가 유동성 함정에 있을 때(현재는 상당 기간 그렇게 될 것으로 보인다), 추가적인 공적 투자는 승수 효과를 낳는다. 따라서 그렇지 않을 때보다 GDP 규모가 상대적으로 더 빨리 증대된다. 과거 10년의 경험에 근거하면 승수는 1.5 내외가 될 것이고 이는 불경기일 때보다 GDP가 3퍼센트 더 늘어나는 것을 의미한다. GDP 증가율이 이렇게 높은 수준에서 유지되면 상당한 수준의 부가적인 수입, 예를 들어 세수 증가 등도 기대할 수 있다.

둘째, 투자가 생산적이라면 장기적으로 경제의 생산능력을 확대시킬 것이다. 이것은 특히 투자는 물리적 인프라와 연구·개발의 경우가 이에 해당한다. 그러나 어린이에 대한 사회안전망 투자도 어린이를 건강하게 키워 생산적인 성인이 되도록 돕는다는 강력한 증거도 있다. 재정적 투자에 들어간 비용이 생산성 향상으로 되돌아올 수 있다는 말이다.

마지막으로 이력현상(Hysteresis)이 실재한다는 상당히 강력한 증거도 있다. 일시적 경기 침체가 영구적 혹은 반영구적으로 미래의 생산량을 하락시킨다는 점을 보여준 논문이 있다.

다시 말하면 지속적인 재정 부양책은 이러한 경기침체의 이력현상을 상쇄시키는 것만으로도 투자효과를 실현할 수 있다. 이런 것들을 종합하면 부양책에 따른 재정적 효과는 금리 상승에 따른 부작용을 충분히 상쇄하고도 남는다고 말할 수 있다.

한 가지 덧붙이면 다음과 같다. 당장의 부채위기는 현실화될 가능성이 낮은 시나리오다. 따라서 인프라 구축에 대한 지출이 기대한 만큼의 성과를 거두지 못한다 하더라도 이를 교정할 시간은 충분하다. 가까운 장래에 (경기가 좋아져) 경제의 장기 침체가 비현실적인 예측이라고 판단되는 시기가 온다면(말하자면, 트럼프와는 전혀 다른 젊은 세대인, 현재 미국에서 큰 인기를 얻고 있는 20대의 바텐더 출신 최연소 하원의원인 알렉산드리아 오카시오 코르테즈가 백악관에서 재임하는 시기쯤) 우리는 영구 부양책에 대해 다시 생각해볼 수 있을 것이다.

일본의 교훈을 다시 생각하자

내가 제안하고 있는 것(경기변동에 관계없이 지속적인 적자재정 공적 투자 시행)이 1990년대 중반 이후 일본의 정책과 매우 비슷하다는 점을 눈치 챈 독자들도 있을 것이다. 일본의 경험으로부터 우리가 배울 수 있는 것은 무엇일까? 이를 논하기 전에 분명히 할 점이 있다. 일본의 부채상황은 미국이 그것에 비헤 훨씬 더 불리했다는 사실이다. 두 가지 점에서 그렇다.

첫째, 일본은 경제가 디플레이션에 빠져드는 것을 막지 못했고 아직도 빠져나오지 못했다. 둘째, 일본의 잠재성장률은 낮다. 생산가능인구가 급격이 줄어드는 지극히 불리한 인구 구조 때문이다.

결과적으로, 일본의 명목 GDP는 상당 기간 동안 거의 증가하지 않았다. 1995년부터의 연평균 성장율이 0.4%에 불과하다. 금리는 제로에 가깝게 묶여 있었다. 따라서 일본은 지난 세대의 대부분을 $r-g$가 0에 가까운 상태로 보낸 것이다. 미국의 경우 r−g의 합리적 기대치를 나는 −0.02라고 위에서 말한 바 있다. 이는 일본의 부채 비율이 (현재 우리가 미국에 대해 예상하는 것보다) 훨씬 빠르게 악화됐음을 의미한다. 그럼에도 불구하고 일본에 부채위기의 징후는 전혀 없다.

일본의 영구적 부양정책은 민간 수요 부진에도 불구하고 완전고용 상태를 유지하는 데 기여했다. 일본은 95년 이후 북미와 유럽이 2008년 금융 위기 이후 수년간 경험했던 것과 같은 고용 위기를 겪지 않았다. 고용 위기의 그림자는 오히려 현재의 미국과 유럽에서 다시 되살아나고 있다.

달리 말해, 이 시점에서 일본은 교훈이 될 만한 사례가 아니라 거의 롤 모델처럼 보일 지경이다. 필자는 농담 반 진담 반으로 벤 버냉키와 라스 스벤손 등 2000년경 일본의 재정정책에 대단히 비판적이었던 서구 경제학자들이 공식적인 사과를 해야 한다는 의견을 내기도 했다. 우리는 일본과 비슷한 유형의 문제들을 일본보다 훨씬 더 잘못 다루어왔다. 일본은 비판할 대상이 아니라 배워야 할 대상이다.

이제 마무리하자. 매번 나쁜 일이 생길 때마다 허둥지둥 단기적인 조치들을 쏟아내기보다는 지속적이고 생산적인 재정적 경기부양 프로그램을 가능한 한 빨리 시행하는 게 최선이다. 어려운 시기는 매우 자주 우리를 찾아오기 때문이다. 코로나19 사태가 이를 잘 말해주고 있다.

코로나19가 바꿔놓을 것들

찰스 위플로즈
제네바대 국제경제학대학원, CEPR

코로나19 사태가 위기일발의 순간을 모면하는 것으로 끝날지 혹은 대재난으로 역사에 남을지 아직 아무도 모른다(2020년 3월 6일). 일부 병리학자들은 세계 인구의 절반이 감염될 수 있다고 우려한다. 이 말이 맞다면 사망률이 2%인 코로나19 바이러스로 인해 현재 인구의 1%가 사망한다는 것이다. 이를 환산하면 독일 혹은 터키 전 국민의 수가 조금 안 되는 7,800만 명의 인구가 목숨을 잃게 된다. 말로 다 표현할 수 없는 대대적인 위기인 것이다.

코로나19에 대한 각국의 대응에서 얻게 된 교훈

이러한 상황에서 코로나19의 '장점'이 있다고는 상상도 할 수 없을 것이다. 현재 코로나19는 사람의 성격을 나타내는 로르샤흐 잉크 반점 검사와 같다. 다른 것이 있다면 개인의 성격이 아닌 각국 정부와 더 폭넓은 범위에서 사회 전체의 성격을 드러내고 있는 것이다. 각국 정부의 대응을 살펴보면 흥미진진하다. 코로나19 사태가 머지않아 종식되어도 궁극적인 파급효과는 긍정적이든 부정적이든 볼 만한 장관일 것이다.

중국을 예로 들어보겠다. 중국 정부는 자국의 불투명한 독재체제를 세계적으로 옹호해왔다. 초기 코로나19 사태 은폐에 실패한 중국 정부는 전 국민이 보는 앞에서 중국 정부로서는 이례적인 180도 선회를 했다. 착공 열흘 만에 완공해 화제가 된 응급병원은 대성공처럼 보였으나, 결국 의료체계에 과부하가 걸려 사실상 수많은 환자가 방치되었다. 중국 정부의 특징인 엄격한 통제는 조치의 효율성을 높일 수는 있지만 기본적인 인권이 침해된다. 중국 정권하에 인권에 대한 환상을 갖고 있는 중국인은 드물겠지만 그럼에도 불구하고 이번의 인권 침해는 충격적인 경험이 될 것이다.

여타 불투명한 독재정권 체제의 국가에서도 유사한 현황이 관찰된다. 이란에서 보도되는 확진자 및 사망자 수는 결국 폭발적으로 늘어날 것이다. 러시아도 과거 에이즈 사태 당시의 행보를 반복할 가능성이 높다. 체르노빌 원전사고가 보여주었듯이 정부가 국민의 목숨이 아닌 정권을 지키려고 했다는 것을 알게 되었을 때 사람들은 큰 충격을 받았다. 결국 언젠가는 대가를 치르게 되어 있는 것이다.

트럼프 대통령은 코로나19 사태의 현실을 부정하지만 머지않아 또 하나의 거짓말로 드러날 것이다. 미국은 코로나19에 대응할 수 있는 비교적 견실한 의료체계를 갖고 있다고 해도 초반의 안이한 현실 부정이 결국 수많은 사람들을 죽음으로 몰았다는 것이 알려지게 되면 그 후폭풍은 상당할 것이다. 이탈리아와 한국 정부의 대응은 더뎠다. 상황에 대한 인지 부족, 적절한 대응 방안에 대한 지식 결여, 혹은 정부 무능 셋 중 하나였을 것이다. 정치색이 뚜렷한 프랑스 보건의료노조에서는 자원 부족을 바로 정부의 탓으로 돌렸다. 그러나 프랑스 정부는 단호하고 신속하게 투명한 조치를 취하고 있다. 이미 분열이 심한 사회에 골이 점점 더 깊어질 듯하다.

요코하마 항 앞바다에 정박 중이던 크루즈선은 세균배양용 접시가 되었다. 놀랍게도 일본 보건당국은 크루즈선 승객 중 극히 소수만 진단했다. 정부의 공식적인 이유는 진단 키트 부족이었다. 하지만 동시에 홍콩에 격리되었던 다른 선박의 승객들은 즉시 전원 진단을 받았다. 일본은 기술력이 부족한 빈곤국과 거리가 멀다. 그렇지만 문제는 잘못된 정치적 관행이다. 후쿠시마 원전사고에서 볼 수 있듯이 일본의 편협한 정치 엘리트와 관료의 잘못된 관행은 사태를 악화시키고 있다.

이와 극명한 대조가 되는 것은 스위스의 사례다. 스위스 정부는 두 명의 첫 확진자가 발생하자 선별진료소를 만들고 모든 대규모 행사(참석자 1천 명 초과)를 취소하도록 조치했다. 상당한 예산이 투입되는 제네바 모터쇼와 국제고급시계 박람회도 바로 취소되었다. 활강 빼고 모든 것이 느리다는 조롱의 대상인 스위스이지만, 국경이 아직 개방되어 있음에도 불구하고 그들의 코로나19 대응책은 신속하고 효과적이었다. 이스라엘은 일부 유행국가에서 오는 외국인의 입국을 거부하고 있다. 이들에게는 비행기에서 하차하는 것조차 허용되지 않지만 동일한 국가에서 온 자국민은 바로 입국절차를 진행할 수 있게 도와준다. 이것이 바로 요새 심리의 표본이다.

세계가 직면한 재앙을 해결할 수 있는 건 '제도'

보건 인프라가 부족한 저소득 국가에 바이러스가 확산되는 것을 우려하는 병리학자들도 있다. 무기 중심의 군사력을 자랑하는 카자흐스탄, 코트디부아르 등 많은 국가는 수도를 이전했지만 기본적인 의료체계도 갖춰져 있지 않다. 개발경제학에서 이미 오래 전부터 공공 및 민간 기부금을 우선적으로 의료체계에 투입해야 한다고 지적해왔다. 이번 사태로 이 주장이 옳았다는 것이 입증될 수도 있을 것 같다. 그러나 그 증거는 참혹할 것이다.

앞으로 몇 주 동안 계속 발생할 이러한 사례를 혹시나 코로나19 사태가 결국 잠잠해진다고 해서 눈감아 주어서는 안 된다. 각국 사례를 통해 뿌리 깊은 문제들이 수면 위로 올라올 것이다. 물론 불행 중 다행으로 우수사례도 있을 것이다. 이럴 때 부상하는 문제들은 대부분 오랫동안 관습적으로 우리 생활의 일부분이 되어 눈에 띄지 않던 것들이다. 많은 사람이 목숨을 잃게 되면 각국의 문제가 명백하게 드러날 것이다. 이런 위기에 직면하여 국가의 실패요인을 외면하거나 외국인의 탓으로 돌리지 않기를 바란다. 이것이 세계가 직면한 재앙 속의 한 줄기 빛일지도 모른다. 우리가 곧 배우게 될 교훈이 헛되이 잊히는 것을 용납해서는 안 된다.

반면 코로나19 사태의 심각성과 지속 기간에 따라 경제성장이 저해될 수 있다. 코로나19에 대응하는 각국의 상이한 대응 방식이 경제적 대응책에도 동일하게 반영되는가? 이 두 가지 요소의 연관성은 직관적이지 않을 것이다. 중국 정부는 단번에 경제를 거의 전면 폐쇄했다. 하지만 정치경제충격을 완화하기 위해 현금을 쏟아붓는다면 다시 경제에 쉽게 재시동을 걸 수 있다. 이탈리아는 유럽연합 집행위원회에 이미 재정적자 감면을 요청하기 시작했다. 대형 은행에서 금융시장을 예의주시하고 있는 움직임이 보이고 있고 일본중앙은행은 주식 매입에 나섰다. 즉, 코로나19 전염병의 확산을 초기에 막지 못한 시행착오가 컸던 만큼 그 다음에 이어지는 경제정책은 더더욱 강력할 수밖에 없다. 마치 "사랑을 돈으로 살 수 있다"는 주장과 같은 것이다.

더 근본적인 질문은 국가 간 차이는 어디서 오느냐 하는 것이다. 대답하기 어렵고 중요한 질문이다. 간단한 대답은 제도다. 그러나 각국의 제도는 역사, 문화, 인종적 분열, 정권, 선거법 등의 산출물이다. 이보다 더 깊게 들어가면 각 사회의 종교적, 정신적 가치를 아우르는 생명의 가치에 대한 관점이 중요하다. 이 순간 가장 안전한 전망을 하자면 이것만은 확실하다. 향후 몇 년 동안 다양한 학문에서 분명히 이러한 문제를 풀고 있을 거라는 예측이다.

경기 침체에 맞서기 위한 과감한 정책

크리스티안 오덴달
유럽개혁센터

존 스프링포드
유럽개혁센터

2008년 금융위기는 세계 경제의 재앙이었다. 은행들은 파산하고 신용이 고갈되면서 수백만 명이 일자리와 집, 모아둔 돈, 회사를 잃었다. 이로 인해 유럽 위기가 발생했고, 지지부진한 속도로 위기를 회복하는 동안 많은 국가가 '잃어버린 10년'을 경험했다. 혹자는 코로나19 팬데믹이 이에 못지않게 심각할 것으로 예측한다. 물론 이 전염병은 세계 경제를 파괴하고 있다. 그러나 각국 정부가 발 빠르게 움직인다면 금융위기 때만큼 심각한 장기 경제 위기는 닥치지 않을 것이다.

금융 위기의 발생은 금융시스템에 대한 본질적인 신뢰가 무너졌다는 것을 의미한다. 채권자들은 손해를 걱정하며 더 안전한 자산을 물색하고, 그 결과 유동성 부족 현상이 일어난다. 위험성이 높은 기업은 돈을 빌리는 데 어려움을 겪고 일부 기업은 파산한다. 신용경색이 발생하면 가정과 기업 역시 지출을 줄인다. 그래서 2008년 금융위기가 경제 위기로 확대된 것이다. 당시 수요는 급감했고 신용경색이 전 세계 경제로 확산되면서 국제무역은 최고점에서 15% 하락해 최저점에 이르렀다. 재정 및 통화 부양정책이나 뱅킹시스템의 신속한 개편 등을 통해 각국 정부와 중앙은행이 개입했으나 민간 분야의 소비와 투자를 넉넉하게 지원하는 데는 실패했다.

코로나19 팬데믹의 경제학은 금융위기 때와 다를 테지만, 몇 가지 비슷한 패턴을 보일 것이다. 전염에 대한 두려움과 감염 확산을 억제하기 위해 정부가 취한 조치들은 특히 제조업 분야에서 세계적인 공급 충격을 야기했다. 공장과 사무실은 직원들을 보호하기 위해 직장을 폐쇄하거나 조업을 축소하고 있다. 사람들이 사회적 접촉을 줄임에 따라 여행과 외식, 그 밖의 활동을 위한 지출은 줄어든다. 소비자들이 외출을 자제하면서 기업의 공급량과 총수입이 동시에 감소하고 있다. 이에 정책입안자들이 적절히 대처하지 못한다면 유동성이 떨어지는 많은 기업은 직원을 해고하거나 완전히 문을 닫게 될 것이다. 세계적으로 주식 시장이 폭락을 거듭하고 투자가들이 안전한 투자대상을 찾아 헤맬 때 국채의 가치가 급상승하는 주된 이유가 바로 이것이다.

그러나 2008년 대공황기에 우리가 직면했던 불확실성과 유로 위기, 그리고 현재 상황 사이에는 한 가지 중대한 차이점이 있다. 금융위기가 발생하기 전이나 실제 전개될 때에는 그 위기의 규모와 심각성을 예측하기 어려웠다. 반면 코로나19 팬데믹의 전개는 더 쉽게 예측할 수 있다. 바이러스는 처음에 급속도로 확산되며, 사나흘마다 신규 감염자 수는 배가 된다. 억제 조치가 효과를 거두면 이 비율은 낮아질 것이다. 하버드대학교의 유행성 질병 전문가 마크 립시치는 세계 인구의 20~60%가 코로나19에 걸릴 것으로 추정하는 반면 WHO는 적어도 의료서비스 시스템이 발달한 국가에서는 감염자의 96%가 회복할 것으로 예측한다.

만약 억제 조치가 마련되지 않는다면, 유럽에서 급속도로 확산된 팬데믹은 5~6월 무렵 최고조에 달하고 이후 감염률이 줄어듦에 따라 경제 회복이 시작될 것이다. 정부의 바이러스 봉쇄조치의 목적은 질병 확산을 억제시키고 의료기관의 과부하를 예방하는 데 있다. 이 조치가 효과를 거둔 뒤에는 기업이 직면한 현금흐름 문제가 표면화될 것이고, 더 많은 정부 지원이 필요할 것이다.

그러나 유행성 질병 전문가들은 팬데믹을 완전히 차단하기란 매우 어려울 것이라고 보고 있다. 백신이 빨리 개발될 가능성은 없기 때문이다. 감염될 사람은 모두 감염자가 된 후에야 감염률은 줄어들고 경제가 회복되기 시작할 것이다. 이 모든 상황을 고려할 때 경제는 단기적으로 대단히 심각한 타격을 입을 것이다. 그러나 회복과 재기를 이룰 수 있는 확실한 방법이 존재하기 때문에 금융위기 때만큼 큰 대가를 치르지는 않을 것이다. 다만 각국 정부는 기업의 유동성을 지원해 직원들이 잃어버린 임금을 보전해주고, 특히 유로 사용 지역에서는 금융시스템을 보호해야 한다. 아울러 전염병이 사라진 후에는 더욱 종합적으로 경제를 부양하고 신속한 회복을 위해 적극적인 경제 정책을 시행해야 한다.

유동성 지원하기

팬데믹 상황에서 경제를 위협하는 최악의 시나리오는 유망하던 기업이 현금 부족에 시달리다 파산하는 것이다. 일시적인 붕괴가 영구적인 영향을 미칠 수 있다. 성공할 수도 있던 기업들이 도산한다면 파산의 물결로 말미암아 경제에 씻을 수 없는 상처가 남을 것이다. 실업자들에게 상흔 효과(경제 위기나 경기 침체가 발생한 시기에 구직자들의 구직 실패 기간이 길어지면서 이후 경제가 회복되더라도 기업에서 이들을 경쟁력 없는 인력으로 간주하여 경제 활동 편입이 계속 지연되는 현상—옮긴이)가 일어나고 기업 고유 지식이 사라져 미래의 지식 산출량이 줄어들 수 있다.

이런 위험에 대처하려면 은행 규제기관과 공공투자은행, 중앙은행, 재무장관의 협력이 필요하다. 은행 규제기관은 기존 대출의 상환을 연장하고, 특히 관광처럼 심각한 타격을 입은 경제 분야의 기업에 관대히 조처해야 한다. 잉글랜드은행과 유럽중앙은행이 지급준비율을 낮춰 대출을 더 쉽게 받을 수 있도록 한 조치는 적절했다. 하지만 은행이 단독으로 기업의 유동성 문제를 완화할 수는 없다. 대출 상환 기한을 연장하면 은행이 위험을 떠안게 되기 때문이다. 따라서 공공 투자은행에서 타격을 더 많이 받은 경제 분야에 보조금을 지급하는 방식으로 신용을 제공해야 한다. 공공 투자은행은 대개 민간은행을 통해 간접적으로 신용을 제공한다. 민간은행에서는 신용이 필요한 기업의 계정을 조사하여 대출 위험 여부를 파악하고 공공은행의 대차대조표에 악영향을 줄 수 있는 기업을 걸러내는 과정을 거친다. 이렇게 되면 이미 도산 위기에 처한 기업들은 유동성 지원을 받을 수 없게 된다. 따라서 독일 국영 투자은행이 기업에 무제한 긴급 대출을 제공했던 방식인 일명 '대형 머니 바주카포'가 적절한 접근이며, 다른 곳에서도 이 방식을 채택해야 한다.

유럽중앙은행과 잉글랜드은행이 광범위한 신용 부양책을 추가한 것은 옳은 결정이었다. 그러나 민간은행과 공공 투자은행을 통해 이러한 조치를 해도 신용 수요를 충족시킬 수 없을지 모른다. 따라서 한층 완화된 통화정책이 필요하다. 잉글랜드은행과 달리 유럽중앙은행은 금리를 인하하지 않았지만 두 기관 모두 은행들에 일종의 '유동성 지원'을 실시했다. 유럽중앙은행은 장기대출프로그램(LTROs)이라는 새로운 프로그램을 만들었는데 이 프로그램은 마이너스 금리로 은행에 매우 저렴한 유동성을 제공한다. 아울러 선택적 장기대출프로그램(TLTRO III)의 조건을 변경해 프로그램의 범위를 확대하고 금리를 낮추었다. 그리고 양적 완화라는 기존 프로그램에 사채 매입량을 늘리는 방안을 추가했다. 이런 정책들은 은행 대출 축소를 억제하는 데 도움이 될 것이다.

잃어버린 임금 보전하기

재무장관들 역시 금융정책을 통해 유동성 지원을 제공해야 한다. 기업은 노동이나 공급품 부족으로 어쩔 수 없이 생산을 감소시켰다 하더라도 임금은 지급해야 한다. 정부는 직원 감축 대신 직원의 근로시간을 줄이는 기업에 보조금을 지원했던 독일의 정책인 '쿠르자르바이트(Kurzarbeit)' 등을 고려해야 한다. 독일 정부는 얼마 전 코로나19와 관련된 혼란을 잠재우기 위해 광범위한 노동 단축 정책을 발표했다. 하지만 모든 근로자가 그런 정책의 혜택을 받은 것은 아니다. 임시 계약직이나 정해진 노동시간 없이 일한 만큼 시급을 받는 계약을 맺은 직원이나 자영업자들은 매우 큰 타격을 받을 것이다. 정부는 이런 집단에 행정절차를 생략하고 신속히 지원을 제공해야 한다. 한 가지 방법으로는 민간 은행을 통해 모든 시민에게 매달 코로나19 기본소득 500유로를 지급하는 것이 있다. 훗날 소득세를 확인해 소득이 평균을 웃도는 사람에게는 점진적으로 환수한다. 그러면 필요한 사람들만 돈을 받을 수 있다.

팬데믹을 억제하려면 더 많은 정부가 보육시설과 교육기관을 일시적으로 폐쇄해야 한다. 만일 직장에서 유급이 아닌 무급 휴가를 제공한다면 가족, 특히 편부모 가족의 살림은 어려워질 것이다. 독일에서는 조부모가 대개 매년 40억 시간의 육아 서비스를 담당하지만, 노령인구가 코로나19에 취약하므로 그들의 도움을 받을 수도 없다. 그러므로 어린 자녀를 키우는 부모들에게 유급 휴가를 제공해야 한다.

정부는 기업으로부터 부가가치세와 지급 급여세 징수를 유예하는 방식으로 추가 금융 지원을 할 수 있다. 이 경우 매우 광범위하게 유동성을 제공할 수 있지만, 위험요소가 없지 않다. 파산 위기에 처한 기업 역시 납세를 연기할 수 있기 때문이다. 이들이 도산할 경우 뒤처리는 정부가 떠안아야 한다. 하지만 유럽에는 단기 대출에 마이너스 금리를 지급하는 정부가 많다. 따라서 재무장관들은 그간 연기된 세금을 받아 수익을 챙길 수 있다. 정부의 대차대조표에 미치는 순수효과(파산 기업으로 인한 약간의 손실)를 고려하더라도 장기적인 유동성 지원을 추가할 만한 가치는 충분히 있을 것이다.

금융시스템 보호하기

정부의 긴급 유동성 지원은 유로존 금융시스템에 부담이 될 수 있다. 특히 2020년 3월 12일 유럽중앙은행 총재 크리스틴 라가르드가 안타까운 성명서를 발표한 이후 국채 스프레드(특정 등급 채권의 수익률에서 3년 만기 국고채의 수익률을 뺀 수치로, 스프레드가 높을수록 기업들이 자금을 융통하기 쉽지 않다는 뜻이다—옮긴이)는 상승했다. 라가르드는 유럽중앙은행이 '스프레드를 수치를 낮추기 위해 존재하는 것이 아니'라고 말했지만, 유로존 정책입안자들이 시장에 전달해야 하는 메시지는 이와 반대되는 것이다. 즉, 유럽중앙은행은 일시적 금융 위기에 처한 정부에 무제한 유동성을 제공하겠다는 뜻을 확실히 전달해야 한다. 대개 엄격한 조건을 부가하는 기존 긴급구제 프로그램과는 다른 유로존 긴급구제 프로그램인 유럽안정화기구(ESM)를 모든 회원국에 개방하겠다고 발표해야 할 것이다. 라가르드는 어떤 정부든 '무제한 국채 매입'이라는 유럽중앙은행의 전면적 통화 거래(OMT) 프로그램을 활용할 수 있음을 강조해야 한다. 그리고 유럽위원회는 유로존 금융 규칙에 어긋나더라도 회원국들이 코로나19와 관련하여 특정 조치를 할 수 있게 여지를 허용해야 한다.

경제 회복 속도 높이기

올해 안에 전염병이 일단 덜미를 잡히면, 기업은 재고를 새로 채우고 소비자들은 그동안 보류했던 지출을 재개하면서 약간의 따라잡기 성장(Catch-up Growth)이 뒤따를 것이다. 이런 모습은 금융 위기 직후와는 다른 것이다. 금융 위기 직후에는 막대한 부채를 유지할 수 없었기에 모든 것을 탕감해야 했고 그 결과 소비 저조는 계속되었다.

그러나 팬데믹이 끝난 후 제조업 분야와 서비스업 분야의 회복 양상은 다를 것이다. 제조업 분야에서는 분명 급격한 반등이 일어날 테지만, 서비스업 분야의 고전은 더 길어질 수 있다. 새 안경을 구매할 계획이었으나 공급이 중단되어 사지 못했던 소비자가 있다면 전염병이 끝난 후 안경을 살 것이다. 하지만 격리 기간에 못했던 만큼의 외식을 벌충할 소비자는 없을 것이다. 축구시합은 무관중 경기로 진행되고 콘서트 투어는 몇몇 도시를 건너뛰거나 완전히 취소될 것이다. 전염병이 사라진 이후에도 감염에 대한 사람들의 두려움은 완전히 가시지 않는다. 따라서 어쩌면 수요 억제가 여름과 가을까지 이어져 외식이나 콘서트, 여행 같은 '사회적 소비'가 크게 주춤할 수 있다.

앞서 언급했듯이 제조업체들은 유동성 지원만으로도 위기에 대처할 수 있을 것이다. 그러나 최악의 전염병이 지나간 후 서비스업 분야의 회복 속도를 높이려면 금융 지원이 필요하다. 전염병이 공식적으로 종식된 이후 정부는 사람들에게 여행이나 외식, 그 밖의 대규모 집회를 권장하지 않고, 당장 다른 사회적 소비를 권장하려고 애쓰지도 않을 것이다. 하지만 서비스업 분야가 가장 큰 타격을 입은 만큼, 정부는 그들에게 6~9개월 동안 부가가치세를 삭감해주는 방법을 쓸 수 있다. 아울러 은행에 서비스기업을 상대로 신용 제공을 권할 수 있다.

코로나19가 발생하기 전부터 유럽 경제는 고전을 면치 못했다. 그런데 전염병까지 창궐했으니 2020년 상반기 경기침체는 확정된 미래다. 따라서 경제를 부양하기 위해, 그리고 미래 부양책에 대한 기대를 관리하기 위해 조속하고 적극적인 조치가 절실히 필요하다. 코로나19의 전염속도는 3~4개월 안에 최고조에 이르렀다가 잦아들기 시작할 것이다. 따라서 정부는 경제의 미래 향방을 더욱 확실하게 파악해야 한다. 정부가 행동하지 못하면 기업이 줄줄이 도산하고 실업률은 높아질 것이다. 정부가 과감해져야 한다.

코로나 바이러스 시대의 정책

피넬로피 골드버그
예일대학교

"내가 아는 것은 내가 아무것도 알지 못한다는 것뿐이다." 고대 그리스인들로부터 시작된 이 말을 요즘만큼 자주 떠올린 적이 없다. 이 전례 없는 위기에 적절한 정책 대응은 무엇인지 내 생각을 공유해달라는 요청을 받았다. 그러나 말 그대로 하루가 다르게 변하는 상황에서, 더구나 가장 관련 있는 역사적 사건이 100년도 더 된 과거(1918~1919년의 스페인 독감)인 상황에서 어느 누가 정확한 조언을 할 수 있겠는가?

당장 필요한 정책은 경제 정책이 아닌 보건 정책이다. 경제 일선에서 정부가 할 일은 정부가 자리를 지키고 있으며, 의료 분야의 쓰나미가 지나간 후 다시 경제를 활성화하겠다고 차분하고 자신감 있게 사람들을 안심시키는 일이다.

보건 정책을 수립하는 사람들에게는 리더십, 겸손, 일관성이 요구된다. 그들에게는 특히 지식과 경험으로 감당할 수 없는 미지의 영역이 있다는 것을 인정하는 겸손이 필요하다. 코로나19 위기의 확산과 그 영향을 억제하기 위한 최적의 정책을 채용하는 것보다 더 중요한 것은 자기모순이 없는 일관된 전략을 채용하는 것이다. 지금까지 바이러스의 영향을 받은 국가들은 확산 억제에 각기 다른 접근법을 채택해왔다.

- 동아시아 국가: 공격적인 진단, 추적, 격리, 여행 금지
- 대부분의 유럽 국가: 한동안 사안을 무시하다가 이후 지역 봉쇄와 여행 금지 조치가 이어짐
- 일부 유럽: 집중적인 테스트와 정보 제공 캠페인이 있었으나 엄격한 격리나 이동 금지 조치는 없었음
- 미국: 중요한 초기 몇 주 동안 완벽한 무대응. 정부가 아닌 일부 민간부문과 대학에서 준비가 있었음

이런 접근법의 차이는 각자의 문화와 정치 시스템의 차이를 반영한다. 즉, 한 지역에서는 효과가 있는 것도 다른 지역에서는 효과를 보지 못할 수 있다는 것을 암시한다. 하지만 이것으로 각 나라가 위기가 시작된 이래 보여온 일관적이지 못한 행동을 변명할 수는 없을 것이다.

미국의 비일관성은 특히 두드러진다. 문제의 존재를 인정하지 않고 몇 주가 지난 후에야 위기를 선언했고 중국, 한국, 이란에서 온 여행자의 입국은 금지했지만, 유럽 여행자는 허락했다. 뉴욕에 있는 식당은 가도 좋다고 권장하고 대중교통은 멀리하라고 조언했다. 3월 둘째 주에 여러 공공 행사를 취소하긴 했지만 많은 도시의 공립학교는 문을 열었다. 이런 모순적인 조처는 바이러스의 확산을 방치해 효과적인 대응을 지연시켰을 뿐 아니라, 시장을 극심한 공포 상태에 몰아넣으면서 그렇지 않아도 심각한 경제 상황을 더욱 악화시켰다.

적절한 경제 정책이란 무엇인가

2008년 금융위기 동안, 그리고 위기 이후에 적절한 경제 정책에 관한 많은 글이 발표되었다. 구체적인 것은 나라마다 다르겠지만, 이 시점에서 통화정책으로 거둘 수 있는 효과는 대단히 제한적이라는 의견이 모이고 있다. 더불어 중

소기업을 지원하는 파격적인 재정 조치는 필수적이다.

이 사태가 얼마나 이어질 것인지, 팬데믹으로 인한 사망자는 얼마나 될지, 노동력 부족이 생산에 얼마나 영향을 미칠지, 개별 국가, 특히 세계 공급망에서 중요 역할을 하는 국가들이 얼마나 타격을 받을지(중국의 회복이 희망을 던지고 있다), 특정 부문, 특히 운송업과 서비스업의 노동자들이 어떻게 사태를 헤쳐 나가야 할지 판단하기 어렵기에 정확히 어떤 대응 조치를 해야 할지 추측하기 어렵다.

코로나19가 불러올 밝은 전망?

하지만 현재의 이런 암울한 상황에도 불구하고 우리는 한편으로 밝은 미래를 기대해 볼 수 있다. 코로나19가 불러온 생활 방식과 생산성 부분에서의 변화가 희망적인 전망의 근거다. 이런 변화들은 대부분 사회적 거리 두기를 가능케 하기 위한 단기적 방책에서 기인한다. 예를 들어 IT 기업들은 사무실을 폐쇄하고 직원들에게 재택근무를 하게 하면서 컴퓨터 작업과 동영상 기술을 이용한 여건을 마련해주었다. 재택근무 덕분에 차량 정체가 사라졌고 사람들은 통근에 쏟던 시간을 일과 가족을 위해 쓸 수 있게 되었다. 많은 회의를 화상 회의로 대체하면서 전 세계의 사람들이 전국을 오가는 일을 멈추었고 이는 제트 엔진으로 인한 대기 오염을 엄청난 엄청난 폭으로 감소시켰다.

그와 동시에 각계각층의 교육자들이 교실 수업을 온라인 수업으로 대체하기 위해 애쓰고 있다. 이전에는 몇몇 얼리 어답터들만이 온라인 수업을 제공했지만, 이제 우리는 모든 대학이 웹으로 옮겨가고 있는 것을 보고 있다. 따라서 장거리 학습의 비약적 발전을 기대할 만할 것이다. 학생들이 다시 교실로 돌아오더라도 우리는 계속해서 이런 혁신들을 활용해서 선진국은 물론 개발도상국으로까지 교육의 기회를 넓혀나갈 것이다.

눈에 띄는 또 다른 추세는 오프라인에서 디지털 플랫폼으로의 전환이다. 기술의 비약적인 발전은 하나의 산업을 파괴할 정도에 이르렀다. 이로 인해 피해를 보는 사람들에게는 마땅히 보상이 필요할 것이다. 재택근무의 증가, 출장과 원거리 학습의 감소가 일부 사람들의 생계를 방해할 가능성도 있다. 따라서 코로나19가 전개되는 속도를 고려하여 피해자에 대한 보상이 확실히 이뤄져야 한다. 하지만 진보를 되돌리려 해서는 안 된다. 우리는 진보를 받아들여야만 한다.

코로나19, 개인 정보 침해, 그리고 불평등

코로나19로 인한 또 다른 문제는 개인 정보 침해다. 감염에 가장 취약하거나 감염 가능성이 있는 사람들을 식별하는 과정에서 이 문제가 나타난다. 아시아에서는 사람들의 동선을 추적해 감염 가능성이 있는 시민들을 파악했고 이는 감염률을 억제하는 데 큰 효과를 거두었다. 우리는 개인의 건강 이력과 관련된 정보를 철저히 보호해왔다. 그러나 코로나19 확진 속도에 따라, 보건 영역 개인 정보를 침해하는 총비용을 재검토하고 변화를 고려해야 할 수도 있다.

코로나19는 불평등에도 상당히 흥미로운 영향을 줄 수 있다. 바이러스가 주식 시장을 자극한다면 주식 투자 자본 수익으로 만들어진 부의 불평등이 상당 부분 수그러들 것이다. 또한, 인구가 밀집된 도시들이 인구가 적은 농촌 지역보다 큰 대가를 치르면서 도시와 농촌의 격차가 줄어들 수 있다. 물론 이것은 우리가 원했던 유형의 불평등 해소가 아니다. 어떤 경우든 우리가 원한 것은 분배의 하한선이 올라오는 것이지 상한선이 내려가는 것이 아니다. 주가 하락은 그렇다 하더라도 경제, 기술, 문화의 중심으로서 도시가 가지고 있는 가치는 무시할 수 없는 문제다. 따라서 이에 대한 공공 정책 지원이 필요하다.

불평등은 다른 부분에도 미친다. 원격 근무를 할 수 있는 사람들과 반드시 현장 근무가 필요한 사람들 사이의 수입 격차는 더욱 커질 것이다. 마이크로소프트와 구글은 그들의 사무실을 폐쇄했음에도 청소나 관리 등 사무실에 서비스를 제공했던 계약자들에게 여전히 돈을 지급한다. 마이크로소프트와 구글에 찬사를 보낸다. 더불어, 크게 피해를 보면서도 지원을 받지 못하는 소규모 영업자들이나 노동자들의 권리를 위한 경제 정책이 필요할 것이다.

맺음말

코로나19 사태에서 가장 심각한 부분은 공중 보건의 위기다. 하지만 우리는 위기에 맞서 새로운 테크놀로지와 데이터를 채택하고, 원거리 학습과 재택근무를 하며 지난 몇 년간 시도해온 것들을 활용하고 있다. 이번 위기를 극복한 뒤에 우리는 세계화와 자동화를 논할 때 부딪혔던 '균형의 문제', 즉, 각 집단의 이해 상충 문제에 직면하게 될 것이다. 생산성 향상을 위한 변화의 수용과 그에 따라 불리한 위치에 놓이게 되는 사람들을 보호하는 문제가 다시 드러날 것이다. 각 국가가 어떤 정책안을 채택하든 이 둘 사이의 균형을 찾는 것이 가장 중요할 것이다. 위기로 타격을 받은 개인, 기업, 지역에는 안정과 지원을 제공하되 그와 동시에 과거와 정확히 같은 방식으로 회귀하겠다는 생각은 버려야 한다. 지금과 같은 현실에서 의미를 찾기 위해서는 위기에 대응하며 얻은 긍정적 혁신을 수용해야 한다.

글로벌 금융위기와 비교

노라 러스티그
툴레인대학교

호르헤 마리스칼
컬럼비아대 국제정책대학원

세계는 지금 코로나19의 영향 아래 2008년 금융위기 이후 최악의 공포 속에 살고 있다. 그렇다면 코로나19로 치러야 할 사회·경제적 대가가 금융위기 때 경험했던 것만큼 심각할까? 금융위기 때와 마찬가지로 현재 우리가 직면한 위기의 해답은 시장에 있지 않다. 유행병 확산을 억제하고 종식시키는 한편, 경제적 파급효과의 규모와 기간을 최소화하기 위해서는 적극적인 정책 개입과 국가 간 협력이 필수적이다. 다음은 코로나19와 금융위기 간의 뚜렷한 유사성을 확인할 수 있는 부분이다.

바이러스와 서브프라임 모기지의 편재성

바이러스 보균자는 증상이 없을 때도 다른 사람들을 감염시킬 수 있는 것으로 보이며, 따라서 사실상 조기 발견은 불가능하다. 감염인구가 아무리 소수라 해도 건강한 사람들 사이에서 드러나지 않은 채 있을 수 있기 때문이다.

이러한 편재성은 담보 모기지 기관에 우량 모기지와 서브프라임 모기지가 섞여 있던 상황과 유사하다. 총 모기지에서 서브프라임 모기지가 차지하는 비율은 10~12%로 낮았지만, 채무불이행이 시작되었을 때 어떤 것이 비우량 모기지인지 분리하기란 사실상 불가능했다. 이어서 다른 금융 기관을 희생시키고 일부를 베일아웃(Bail Out, 강한 회사가 약한 회사에 금융 지원을 하는 것)하려는 시도가 더해지면서 뱅킹과 신용 경로가 동결되었고, 결국 2008년 대침체기가 시작되었다.

- 코로나19를 억제하려는 노력으로 인해 세계의 공급 경로가 동결되었다.
- 전염에 대한 두려움 때문에 소비자 수요가 유례없이 감소하고 있다.

이 2가지 상황이 결합해 세계적인 경기침체를 불러올 수 가능성은 더욱 커졌다.

과소평가, 부정, 그리고 준비 부족

정책입안자들은 2008년 금융위기가 닥쳤을 때 그랬던 것처럼 코로나19 위기의 심각성을 경시했다. 마찬가지로 분석가들의 예측 또한 보기 좋게 빗나갔다.

- 2007년과 2008년 초반 평가기관들은 계속해서 부채담보부증권(회사채나 금융회사의 대출채권 등을 한 데 묶어 유동화시키는 신용파생상품―옮긴이)과 주택담보대출증권(주택융자의 대주인 저축 대부조합이나 상업은행이 이자율이나 만기가 같은 담보물을 모아 증권화하여 발행하는 증권 상품―옮긴이)의 위험도를 낮게 책정했다. 분석가들은 과거의 부동산 가격 행태 모형에 의존해 부동산 하락은 없을 것으로 예측했다.

- 중국 정부는 코로나19 초기 단계에 바이러스의 높은 전염성을 의도적으로 숨기고 심지어 우려를 표하는 사람들의 입을 막았다. 미국 트럼프 행정부는 보건 위기의 심각성을 최소화하기 위해 미리 손을 쓰긴 했지만, 검사 및 억제 활동을 뒤늦게 시작했다.

금융위기와 코로나19가 미칠 영향이 얼마나 위협적일지 초반에 적절히 평가하지 못했고, 조기에 양성 사례를 확인하지 못한 것이 경제 퇴보의 원인이 되었다.

의료시스템의 과부하를 피하기 위한 '사회적 거리 두기'가 전염속도를 늦추는 최선의, 어쩌면 유일한 방법이 되었으나 이는 현재 우리가 직면한 대대적인 소비 감소의 원인이 되기도 했다. 한편 시장 분석가들은 미래의 경제 및 시장 행태를 추측하기 위해 사스, 메르스, 조류독감과 그 밖의 감염질환이 유행했을 당시의 데이터를 찾아보았다. 그러나 현재의 세계는 과거보다 훨씬 더 연결되고 통합되었으며, 세계 경제에서 차지하는 중국의 비중 또한 훨씬 커졌다. 이 사실을 과소평가하면 안 될 것이다.

결론적으로 두 위기 사태에서 규제기관들은 위기 수준에 맞춰 적절히 대응하지 못했다.

세계 문제로 불어난 지역 문제

- 금융위기는 처음에 미국 부동산 시장의 서브프라임 모기지 문제로 인식됐다. 몇 달 후 그것은 세계 금융을 집어삼키며 1929년 대공황 이후 사상 최대의 경제적, 사회적 피해를 불러왔다.

- 코로나19는 처음에 중국의 문제, 혹은 최악의 경우 아시아의 문제로 인

식됐다. 사람들은 코로나19가 사스나 메르스와 마찬가지로 한 지역을 벗어나지 않을 것이라고 믿었다. 하지만 바이러스가 중국 외부로 퍼지기 전부터 이미 세계의 제조업은 눈에 띄게 붕괴하기 시작했다. 중국 경제가 세계 GDP의 3분의 1을 차지하고 첨단 산업에서 중국이 담당하는 역할이 커졌기 때문이다. 이어 점차 다른 국가에서도 감염이 나타나면서 소비자들은 두려움에 빠졌다.

앞으로의 일 내다보기

현재 코로나19 팬데믹은 금융위기와 마찬가지로 세계화의 어두운 이면을 드러내고 있다. 아울러 국가 보건시스템의 허실 또한 드러낸다. 예컨대 미국이 다른 국가에 비해 바이러스 확산 속도가 빠른 이유는 무엇일까. 미국 인구의 15~20%는 의료 보험이 없거나 충분치 않고, 노동자가 고용주에게 유급 병가를 제공하도록 요구할 법적 장치 또한 없다. 이런 상황에 놓인 노동자들이 검사나 치료를 받을 가능성은 적다. 또 당분간은 많은 사람이 어쩔 수 없이 재택근무를 해야 하기에 디지털 사회의 잠재력이 시험대에 오를 것이다.

현재 위기가 가져올 궁극적인 인적·경제적 대가가 무엇일지 파악하는 것이 가장 중요하다. 중국은 가까스로 전염속도를 상당히 억제했지만, 경제 침체라는 대가를 치렀다. 봉쇄 제한이 철회되었을 때 유행병이 다시 창궐할지는 두고 보아야 한다.

팬데믹이 가져올 현재와 미래의 경제 불황,
금융위기만큼 심각할까?

소비 위축 정도와 기간은 바이러스의 행태, 효과적인 항바이러스 치료 가능성, 백신의 광범위한 사용 가능성에 따라 달라질 것이다. 북반구 날씨가 따뜻해지면 다른 코로나바이러스가 그랬듯 코로나19도 한풀 꺾일까? 계절 호흡기 질환의 하나로 점차 자리를 잡을까? 돌연변이가 나타날까? 감염이 발생한 지역 온도와 감염 확산 속도는 반비례 관계에 있는 것처럼 보인다. 하지만 신종 바이러스인 코로나19도 그러할지 확신할 수는 없다. 백신은 약 1년 내에 완성될 것으로 예상되며, 치료법이 더 일찍 등장할 수 있다. 지금까지 알려진 바에 따르면 12~18개월이 지난 뒤에는 코로나19에 대한 의학적 해답을 찾을지 모른다.

그러나 전염속도를 고려하면 팬데믹의 시간 지평은 무한대로 길어질 수도 있다. 현재 속도라면 팬데믹이 여러 국가의 보건시스템을 압도해 가공할 만한 경제적·인적 피해를 일으킬 것이기 때문이다. 또한 유행병보다 더 오래 지속되는 일련의 부정적 역학들이 촉발될 수도 있다.

세계 기업 신용 시장이 부실한 연결고리가 될 수 있다. 지난 10년 동안 낮은 금리로 말미암아 중국과 미국, 유럽 기업의 부채 발행이 줄줄이 이어졌다. IMF의 결론에 따르면 금융위기 때 경험한 경기 하락의 절반 정도만 발생해도 총수입으로 이자 비용을 충당할 수 없는 기업 부채는 미화 19조 달러에 이른다. 이것이 다시 세계 뱅킹시스템을 위협해 경제 불황의 기간 연장을 촉발할 수 있다. 최근 트럼프 대통령은 "지금은 금융 위기가 아니다"라고 선언했다. 그의 연설문 작가들이 빠트린 것은 '아직'이라는 단어다.

미국 정부는 무엇을 해야 하는가?

금융위기 같은 극단적인 시나리오를 피하려면 미국은 신속하게 움직여야 한다.

- 최우선으로 삼아야 할 것들은 검사와 방역, 치료다.

미국은 출발이 늦었기 때문에 한국, 중국, 싱가포르, 이스라엘의 성공적인 방역 활동으로부터 교훈을 얻어 따라잡아야 할 것이 많다.

- 통화정책 완화는 국내 리파이낸싱 시장에 도움이 되겠지만 겁에 질린 소비자들을 집 밖으로 나서게 하지는 못할 것이다.

그뿐 아니라 금리가 이미 저율이라는 점을 고려하면 이 도구의 효과는 제한적이다. 그러나 연방준비제도가 은행과 기업들을 대상으로 자산을 매입해주고 신용을 보장해주는 것은 궁극적으로 현금 유출과 자본 악화의 영향을 완화하는 데 도움이 될 수 있다. 최근 연준이 이 중 일부 대책을 내놓은 건 고무적인 일이다.

- 선택적 재정정책이 더 효과적일 것이다.

트럼프 행정부와 미 상원은 코로나19의 경제적 충격을 완화하기 위한 2조 달러 규모의 경기 부양 패키지 법안에 합의했다. 물론 이는 훌륭한 조치이지만 가장 취약한 계층을 도울 수 있는 일은 이뿐만이 아니다. 예를 들면 지급급여세의 납부 유예, (무자격자를 포함한) 실업 수당 확대, 바이러스 치료를 받는 환자들을 위한 무료 의료서비스 등이 있다. 또 다른 예로 무료 진료 쿠폰과 탁아 쿠폰을 들 수 있다. 미국 의회에서 동의한 코로나19 구제조치에 이런 예들이 포함되어 있지만 조속하고 효율적으로 시행하는 것이 관건일 것이다.

한편으로 지금이 의료보험제도를 적절히 개혁해 필요한 모든 사람에게 혜택을 제공하고 고용주들에게 유급 병가를 의무화할 기회이기도 하다.

맺음말

코로나19 위기는 금융위기보다 단기간에 멈출 수도 있다. 그러나 이 위기가 더 나쁜 무언가로 변질될 수 있다는, 결코 무시할 수 없는 가능성이 존재한다. 우리는 우리의 생물학적 취약함이 예상보다 더 심각하다는 것을 깨달았다. 그리고 미래에는 또 다른 바이러스들이 등장할 것이고 기후 변화가 가져올 미지의 위험들이 존재한다는 사실도 인식해야 할 것이다.

현재 유행하는 전염병으로 인한 두려움이 얼마나 오랫동안 이어질 것인지는 의학의 손에 달려 있다. 그러나 믿을 수 있는 정보를 적시에 얻을 수 있다는 사람들의 인식, 적절한 예방, 발견과 억제 정책, 그리고 자원의 효과적인 관리 역시 영향을 미칠 것이다.

지금 세계는 전시 상황이다. 정부는 마땅히 사람들에게 믿음을 줄 수 있어야 할 것이다.

금융 정책 패키지

필립 R. 레인
유럽중앙은행

지난 3월 12일, 유럽중앙은행(ECB) 정책이사회는 광범위한 통화 정책 조치를 결정했다. 이 글에서는 해당 조치의 토대가 된 분석틀에 대해 설명하겠다. 지금 전 세계는 코로나19 확산으로 심각한 경제적 타격을 입고 있다. 또한 많은 논의가 이루어지고 있는 공급망의 잠재적 혼란과 격리 조치로 인해, 일시적인 생산 감소 현상이 나타나고 있다. 뿐만 아니라 많은 지출 계획들이 줄줄이 취소·연기되고 있다. 전반적으로 현재 상황은 경제에 즉각적·부정적인 영향을 끼치고 있다.

최근 실시한 설문조사에 따르면 현재 전 세계 경제 활동은 급속도로 얼어붙고 있다(자료 1). 게다가 격리·봉쇄 조치가 점점 더 폭넓게 그리고 장기간 시행되면서, 경기 침체는 오랜 기간 심하게 지속될 듯하다. 하지만 동시에 코로나19 확산을 억제하는 데 성공할 경우, 궁극적으로는 보다 정상적인 경제 상황으로 되돌아갈 수 있을 것이다.

정책입안자는 경기순행적 확대 현상에 대처해야 한다. 이 일시적인 현상이 장기적인 경기 하락으로 이어지지 않도록 해야 한다. 또한 각국 정부는 코로나19 확산 저지에 필요한 공공 보건 문제를 발 빠르게 해결해야 한다. 더불어 기업·노동자를 지원하기 위해 과감하면서도 통합된 재정 정책을 펴야 한다. 그

— 글로벌 구매자관리지수

출처: 마킷
주: 마지막 관찰 2020년 2월

조치에는 신용 보증과 더불어 일시적으로 수익성 감소 상황에 있는 기업의 상태 회복을 위한 지원이 포함된다. 또한 일시적인 임금 하락으로 고통 받는 노동자에 대한 지원도 필요하다. 보다 광범위하게 봤을 때, 전반적인 재정 정책은 거시경제학적 관점에서 실행하여 민간 부문의 지출 감소가 경기순행적 방식으로 확대되지 않게 해야 한다. 이에 유럽중앙은행 정책이사회는 유로존 내 정부와 각종 기관 간의 공동 정책을 강력히 지원하고 있다.

통화 정책 또한 아주 중요하다. 코로나19로 인한 공급 측면에서의 충격은 수요 충격으로 이어졌고, 그 결과 모든 경제 주체 활동에 큰 영향을 끼치고 있다. 특히 주식 시장 위축과 유로화 상승 같은 금융 시장 여건 변화로 코로나19가 경제에 미치는 영향 또한 더 커지고 있다. 유로존의 금융 여건이 갈수록 악화되고 있는 것이다.

이처럼 심각한(그러나 일시적인) 경제 충격 속에서 유럽중앙은행은 통화 정책 수립 시 다음 세 가지를 고려했다.

– 첫째, 장기대출 프로그램(LTRO, 유럽중앙은행이 시중 은행에 장기저리대출을 융

통합으로써 민간 영역으로 돈이 흘러가도록 유발하는 통화부양책)으로 금융 시스템 유동성 관련 여건을 안정화시켜야 한다.

– 둘째, 선택적 장기대출 프로그램(TLTRO)의 근본적인 조정으로 실물 경제에 대한 신용대출이 지속적으로 이뤄지게 해야 한다.

– 셋째, 자산 구매 프로그램으로 경기순행적 방향 속 고통 받는 경제에 자금 조달이 제대로 이루어져야 한다.

이 세 가지 조치의 근거에 대해 자세히 설명하겠다. 유동성 부족으로 경제 쇼크가 더 심화되는 악순환을 막으려면 어떻게 해야 할까? 무엇보다 금융 시스템에 충분한 유동성을 제공할 필요가 있다. 기존의 유동성 조치 외에 새로운 장기대출 프로그램을 도입하면, 낮은 금리(–0.50% 금리)로 새로운 자금을 조달할 수 있게 된다. 이 같은 유동성 확보 조치들은 지금처럼 코로나19 충격으로 많은 경제 주체가 운영위기를 맞고 있거나 불확실성이 큰 상황에서 더욱 중요하다.

특히 현재 중소기업의 매출은 급감하고 가계 수입도 줄어들고 있는 상황이다. 이런 상황에서 은행들이 신용 공급을 지원한다면 신용 수요 증가로 신용경색 사태가 벌어지는 걸 막을 수 있다. 또한 새로운 선택적 장기대출 프로그램 III(TLTRO III)으로 유럽중앙은행이 은행에 빌려줄 수 있는 자금을 늘릴 수 있다. 그렇게 되면 은행은 기업과 가계에 1조 유로 이상을 대출해줄 수 있게 된다. 그리고 민간 부분에 대한 대출을 꾸준히 확대한다면 은행은 유럽중앙은행에게서 유례없이 낮은 금리로 돈을 빌릴 수 있게 된다. 중요한 것은 유럽중앙은행은 차입대출 금리를 평균 –0.25%라는 아주 낮은 수준으로 정함으로써, 전통적인 정책금리를 줄이지 않고도 효과적으로 자금 제공 비용을 낮출 수 있다는 점이다.

선택적 장기대출 프로그램의 새 조건은 기업·가정에게 요구되는 신용 공급 조건을 크게 완화시켜준다. 이는 특히 은행이 코로나19 확산으로 큰 타격을 받은 기업, 특히 중소기업에게 돈을 빌려주는 데 도움이 될 수 있다. 또한 유럽중앙은행은 은행이 자금 지원을 최대한 잘 활용할 수 있도록 하기 위해 추가 조치를 고려할 것이다. 더불어 선택적 장기대출 프로그램의 한도를 잘 조정한다면 유럽중앙은행의 신축적인 통화 정책 운용에 도움이 될 것이다.

이런 맥락에서 유럽중앙은행 감사위원회의 조치들 역시 유로존 내 은행의 자금 운용에 숨통을 터주게 될 것이다. 그리고 지난 몇 년간 이루어진 규제 개선 작업 또한 은행의 대출 요건을 완화시켜줄 것이다. 그에 따라 유럽중앙은행의 통화 정책 관련 결정 사항을 보완할 수 있다.

특히 불확실성이 높고 금융 변동성이 큰 현재 상황에서는 통화 정책 또한 적절히 조정되어야 한다. 2020년 중으로 유럽중앙은행의 자산 구매 프로그램(APP)에 1,200억 유로를 추가한다면, 실물 경제의 금융 여건을 개선하는 데 도움이 될 것이다. 민간 부문 구매 프로그램이든 공공 부문 구매 프로그램이든 자산 구매 프로그램은 안전자산 선호 기간 중에 특히 도움이 된다. 이 기간 중에는 투자자가 위험도와 수익률 사이의 상관관계에 입각한 투자패턴을 토대로 자산을 전환한다. 그리고 그 상관패턴에 의해 일부 자산들은 위험이 끝난 뒤 가치가 올라가는 '안전한 피신처'로 분류된다. 그런 조건 하에서 GDP 중심의 평균 국채 수익률 곡선과 각 OIS(Overnight Index Swap, 금융 기관 간의 하루짜리 초단기 대출) 금리 사이에 전형적인 동조화 패턴이 나타난다. 그리고 이는 또 유럽중앙은행 자산 구매 프로그램의 실행에 융통성을 요구한다.

이 같은 추가 조치는 시장 변농이 심한 시기에 유로존 체제가 채권 시장에서 보다 강력한 존재감을 보여줘야 한다는 것을 뜻한다. 그러므로 유럽중앙은행은 현재 시장 상황에 제대로 대처하기 위해 자산 구매 프로그램을 최대한 융통성 있게 활용해야 한다. 즉 안전자산선호 충격과 유동성 충격에 대처하기 위한 자산 및 국가의 구매 흐름에 일시적인 변화가 있을 수 있다는 뜻이다.

유럽중앙은행은 통화 정책에 방해가 될 만한 것들을 용납하지 않을 것이다. 필요하다면 더 많은 일을 하고 모든 가용 수단을 조정할 준비가 되어 있다. 코로나19 사태를 막기 위한 노력이 유럽중앙은행의 통화 정책에 방해가 되지만 않는다면 말이다. '유럽중앙은행은 자신들의 목적에 필요하고 부합된다면, 주어진 권한 내에서 통화 정책 수단을 조정할 수 있는 재량권을 갖고 있다'고 유럽재판소가 확인해주기도 했다.

마지막으로 이야기하겠다. 독자들은 유럽중앙은행이 다른 중앙은행과는 달리 왜 최근 몇 주 동안 핵심 정책금리들을 낮추지 않았는지 의아해할 수 있다. 단기 정책금리와 관련된 결정을 제대로 이해하려면, 경제에 영향을 주는 충격의 성격과 예상 기간은 물론 여러 통화 정책 수단의 실행을 지체시킬 만한 요인들도 고려해야 한다. 예를 들어, 전체 수익률 곡선에 미치는 단기 정책금리의 영향을 판단하는 데 있어 미래에 대한 기대를 어떻게(긍정적 혹은 부정적) 설정하느냐가 매우 중요하다. 지속성이 있다고 예측될 때에는 단기 금리를 변화시키는 게 아주 강력한 힘을 발휘한다.

그런데 사실 지속성 채널은 코로나19 확산이라는 맥락에서는 별 관계가 없다. 지금 코로나19가 세계를 위기로 몰아붙이고 있지만, 유럽중앙은행의 기본 시나리오는 이번 위기가 어쨌든 일시적인 현상이라는 것이다. 따라서 유럽중앙은행은 추가 자산 구매로 통화 정책을 완화하고, 새로운 선택적 장기대출 프로그램으로 신용 공급을 확대하는 것이 적절한 대처 방법이라는 결론에 도달했다. 그러나 이건 분명히 해야겠다. 3월 중순, 예금 금리는 −0.50%로 유지됐지만, 유엔정책이사회는 금융 여건이 더 힘들어지거나 유럽중앙은행의 중단기 인플레이션 목표가 위협받을 경우 정책금리 인하 옵션을 꺼내들 수 있다.

코로나 시대의 금융: 다음은 무엇인가

토르스텐 벡
런던 카스 경영대학원, CEPR

진원지가 아시아에서 유럽과 미국으로 옮겨가면서 코로나19 팬데믹은 행진을 계속하고 있다. 사회경제적 혼란이 가속되면서 글로벌 경기침체가 일어나고 이와 더불어 금융시스템에도 문제가 발생할 가능성이 커졌다.

정책입안자들은 지금 무엇을 할 수 있으며,
바이러스로 인한 피해를 대비하여 무엇을 해야 하는가?

불확실성이 높고 정보가 제한적인 시기에는 이전 위기로부터 얻은 교훈을 이용해 앞으로 취할 수 있는 정책 조치를 정의하고 이미 내린 선택을 평가할 수 있다. 이 장에서는 다음 3가지 주요 정책 단계에 관해 중점적으로 다룰 것이다.

1. 각국 정부는 실물경제뿐만 아니라 뱅킹시스템에서의 손실을 흡수할 준비를 마쳐야 한다.
2. 일부 국가의 재정적 여유가 제한적임을 고려할 때 EU나 유로존 차원의 경제충격 흡수조치가 이루어져야 한다.

3. 이러한 방침을 조속하게 그리고 명확하게 발표함으로써 신뢰를 형성해야
   한다.

더 큰 경제 붕괴 막으려면 지원사격은 필수다

코로나19와 이로 말미암은 혼란은 실물경제와 금융 분야에 모두 엄청난 충
격을 주고 있다. 은행을 포함한 여러 시장 참여자의 자금 확보가 어려워지는 것
은 물론, 금융시장의 왜곡과 가격구조의 왜곡(정상적인 시기에는 지속가능하지
않은 가격)도 발생하고 있다.

문제의 진원지는 경제적 붕괴다. 수입이 없는 가구는 주택담보융자와 소비자
신용을 상환할 수 없을 것이다. 기업이 고객을 확보하지 못하거나 상품·서비스
를 생산하지 못하면 총수입이 감소해 대출금 상환이 어려울 것이다. 하지만 여
기서 그치지 않는다. 경제 혼란기 동안 기업은 가능하다면 신용한도를 최대한
활용해 현금을 확보하고자 한다. 그러나 이제까지 금융시장에 접근할 수 있던
많은 기업의 접근이 차단됨에 따라 상황은 더욱 악화되고 있다.

은행에서 고객들이 유동성 제약을 극복하도록 도울 수는 있으나 그 능력에
는 한계가 있다. 독일과 프랑스 정부는 물론이고 영국 정부와 잉글랜드은행이
실행하고자 하는 정책, 즉 은행에 유동성을 제공하고 신용을 보증해 주는 것과
같은 이니셔티브들이 이런 상황에 도움이 될 수 있다. 재정적 지원도 도움이 될
것이다. 팬데믹 위기가 은행의 자산가치에 미치는 부정적인 영향을 감소시키는
데 기여할 것이기 때문이다.

금융 규제가 경기순응성을 악화시키지 않도록 관리하라

경기 변동기에 은행 대출의 한 가지 결정적인 특징은 경기순응성(금융시스템이 실물 경기와 상호작용하는 현상)이다. 이를테면 경기 침체기의 은행들은 중소기업과 위험도가 큰 대출자에 대한 대출을 신속하게 줄인다. 이러한 대출 축소가운데 일부는 대출 수요가 줄어서 발생하기도 하지만, 뱅킹의 핵심부에서 일어나는 기관 간 갈등은 금융공급에 상당한 영향을 미친다. 금융규제는 경기순응성을 더욱 악화시킬 수 있다. 위험가중치를 높여 자본을 증액하도록 강제하거나 국제회계기준에 따라 채무상환능력을 반영해 여신을 평가하도록 하는 것과 같은 규제가 그 예다. 따라서 경제적 혼란이 실물경제와 금융 분야에 미칠부정적인 영향을 예상하고 완화하는 것이 중대하며 시급한 일이다.

이를 위해 유럽 전역의 감독기관들이 취한 아래와 같은 조치들은 적절하다. 이는 대출 축소 위험을 줄이는 데 효과적일 수 있다.

- 현재 0 이상인 경기조정 버퍼 수위를 더 낮춘다.
- 필러2(은행의 자본적정성에 따라 구분한 바젤II의 3대 필라 중 하나)와 손실보전완충자본(CCB)이 규정한 수준보다 낮은 자본으로 은행이 운영될 수 있도록 최소자본규정을 임시로 낮춘다.
- 은행에 요구하는 유동성커버리지비율(LCR) 준수 규정을 100% 이하로 낮춘다.

규제유예를 실시하는 것이 올바른 방안처럼 보이나 손실을 은폐하는 것은 적절하지 않다. 게다가 유럽은행감독당국의 2020 스트레스 테스트(금융시스템의 잠재적 취약성을 측정하고 안정성을 평가하는 것—옮긴이)를 연기하는 것은 물론이고 바젤 III 개혁(국제결제은행이 2010년 9월 확정한 강화된 은행재무건전성기준—옮긴이)에 따른 후속 증자 일정을 중지하는 것이 바람직한 것처럼 보인다.

또한 자본 버퍼를 갖추는 것도 중요하지만 그 시기가 무엇보다도 더 중요하다. 이 모든 조치는 신용 축소를 완화시키고 따라서 더 심각한 경기침체를 피하는 데 도움이 될 것이다. 그러나 은행의 손실과 지분 버퍼의 감소는 여전히 시장의 불안요소로 남을 것이다. 올해 안으로 은행의 손실이 드러나지 않을 수 있으나 일단 정보가 더 확보되면 금융시장에서 곧바로 손실을 평가할 것이다. 이때는 더욱 미래지향적인 조치들이 취해져야 할 것이다. 예를 들면 아래와 같은 조치들이다.

시장 신뢰를 회복시켜야 한다

정부는 지금과 같은 위기 상황에서 발생한 손실을 흡수할 최후의 보루다. 정책입안자들의 중대한 임무는 최대한의 확실성을 제공하고 시장에 신뢰를 불어넣는 것이다. 이는 바이러스가 야기한 공중보건 위기에 대응하는 공공 정책은 물론이고 금융부문에도 적용되는 말이다.

무엇보다 커뮤니케이션이 중요하다. 우리는 지난 3월 12일 크리스틴 라가르드 유럽중앙은행 총재의 기자회견에서 좋은 예와 나쁜 예를 동시에 목격했다. 유럽중앙은행이 스프레드를 줄이는 일에 관여하지 않는다는 그녀의 발언은 금융시장에 즉각적으로 부정적인 반응을 일으켰다. 그러나 이후 그녀의 후속 인터뷰와 이튿날 유럽중앙은행의 수석 경제학자 필립 레인이 블로그에 올린 게시물에서 이 발언을 바로잡자 시장반응은 긍정적으로 돌아섰다. 이런 상황에서 중앙은행은 최종 대출기관과 시장 조성기관의 역할을 담당하고 모든 가격 폭등과 시장 동결을 막기 위해 노력할 것이라는 메시지를 명확하게 전달해야 한다.

한발 앞서 경제 회복 계획을 세워라

바이러스가 올봄이나 초여름에 종식된다고 가정하면, 그즈음엔 경제 회복에 이목이 쏠릴 것이다. 아울러 금융시스템이 입은 손실을 전체적으로 파악하게 될 것이며 이에 따른 정책 조치가 필요할 수 있다. 그런 다음에는 은행 정리 프레임워크를 포함한 지난 10년 동안의 금융규제개혁이 처음으로 대규모 도전을 받게 될 것이다.

여러 경제학자와 마찬가지로 나는 은행동맹(유로존에서 개별 국가를 넘어 유럽 차원에서 유로존 은행전체를 감독하고 은행예금에 대한 지급보장을 해주는 기구)에서 빠진 요소들, 즉 일반 예금보험제도와 단일정리기금(SRF, Single Resolution Fund)에 대한 제한적인 자금 안전장치의 문제를 지적해왔다. 일반 예금보험제도 문제는 현재 전혀 논의되고 있지 않으나 후자의 경우에는 진전이 있었다. 하지만 십중 팔구 이번 위기에 때맞춰 해결되지는 못할 것이다.

내가 생각하는 또 다른 과실은 이전의 위기가 남겨놓은 잔재를 먼저 처리하지 않고 새로운 규제를 시행했다는 점이다. 최근 몇 년간 은행 파산 문제를 다루는 이탈리아의 방식도 이 과실과 무관하지 않다. 즉 정치적으로는 베일 인(Bail-in, 지급불능상태에 빠진 은행 채권자들이 보유채권을 주식으로 전환하거나 채권 일부를 상각해 파산을 막는 것—옮긴이)이 가능하지 않은 베일 인 가능 부채와, 정리되지 않아 결국 납세사의 돈을 투입해야 해결할 수 있는 자산이 바로 위기가 남긴 유산이다. 은행회복 및 정리지침(BRRD, Bank Recovery and Resolution Directive)에 따르면 이런 지원은 적어도 원칙적으로는 제공되지 않아야 한다.

유로존 내 정부와 은행 사이의 관계를 단절시키는 것도 미완성 과제이다. 이를 위해서는 국채의 집중도를 제한하고 안전한 자산을 창출해야 한다. 올 하반기 이후 발생할 수 있는 금융기관 부실화의 위기에 맞춰 이런 개혁이 실행될 가능성은 거의 없지만, 위기를 계기 삼아 은행동맹이 최종적으로 완성되기를 바랄 수는 있을 것이다.

은행회복 및 정리지침에 따라 EU 전체에 수립된 은행정리제도가 체계적 은행 위기에는 적합하지 않다는 사실은 널리 인정되고 있다. 은행이 파산하지 않더라도 자본 부족에 허덕인다면 국가 차원이 아니라 유로존 차원에서 유연하고 체계적인 접근방식으로 나서야 할 것이다.

올해 후반 유로존 국가에서 중간규모의 몇몇 은행이 심각한 자본 부족을 겪는다면 이런 상황을 맞게 될 것이다. 실물경제 회복 과정에서 은행 대출에 의존해야 한다면 납세자의 돈을 투입해서 대대적인 자본구조 재구성을 실시하는 게 유일한 선택일지 모른다. 반면에 베일 인과 청산을 포함해 특수한 형태의 은행 파산을 위해 마련한 접근방식을 적용한다면 위기가 더 심화될 수 있다.

특히 이탈리아를 포함한 일부 국가는 은행의 자본구조 재구성을 위한 금융정책을 마련할 여유가 없을뿐더러 실물경제를 직접 지원할 때 한계에 부딪힐지 모른다. 바로 이런 경우에 유로존의 대응이 요구될 것이다. 유럽안정화기구는 은행 자본을 직접 재구성하는 방안을 마련했으나 총액을 600억 유로로 제한했다. 몇몇 경제학자들은 이보다 더 나은 대안을 제시했다. 체계적인 위기 상황에 대응하기 위해서 유로존의 은행 구조조정 기구를 설립하자는 것이다. 이 임시기구는 ESM 자금과 민간자금을 동원해서 은행의 구조조정을 지휘할 수 있다. 이렇게 특별한 일시적 대응방식을 취한다면, 이번 상황이 특수 사례에 해당하며 유로존이 다시 베일 아웃(선진국이나 세계통화기금 등이 취약한 은행의 파산을 막기 위해 신규자금을 투입하는 구제 금융의 형태로 이루어지는 구제방식─옮긴이)을 택하지는 않을 것을 의미하게 될 것이다.

연대를 위한 순간을 놓치지 말고 행동하라

공중보건 대응 과정에서 모든 EU 회원국의 공조는 최적 수준에 이르지 못했다. 많은 국가가 바이러스로 말미암아 발생한 사회경제적 붕괴에 대처하기 위해 단호한 조치를 했지만, EU 차원에서는 이렇다 할 활동이 없었다. 과거에 취했던 조치를 따라 몇 가지 일을 했지만 역내 문제를 해결할 만한 충분한 재정적 화력을 제공하지는 못했다. 경기침체가 더 길어지고 재정정책 수요가 더 증가한다면 일부 회원국들의 재정은 파산지경까지 이를 수 있으며 이는 다시 금융부문을 악화시키고 경제위기를 심화시킬 수 있다.

유로존이 이런 위기를 극복하려면 EU 차원의 접근이 필요하다. 즉, 바로 이 시점이 유럽 연대가 필요한 시점이다. 예를 들면 유럽연합 정상회의 같은 최고 정치적 수준에서의 개입이 필요하다는 말이다. 라가르드 총재가 3월 12일 기자회견에서 했던 발언("스프레드 수치를 낮추는 일은 우리의 임무가 아니다")이 분명 잘못된 것이었듯이 재정정책이 유럽연합 차원에서 논의돼야 한다는 점은 분명하다. 통화정책이 너무 오랫동안 부담을 떠안았다. 필요하다면 유럽중앙은행이 다시 나서겠지만 이는 정치적 측면에서 장기적인 위기 해결전략이 아니다.

유로존에서 '무엇이든 하겠다'는 재정정책을 수립해야 할 때가 왔다. 유로존에 위기가 닥칠 때면 언제나 유로존 주변 국가를 '베일 아웃', 즉 구제하는 데 수반되는 모럴 해저드(법과 제도의 허점을 이용하여 자기 책임을 소홀히 하거나 집단적인 이기주의를 보이는 상태)논란이 꼬리를 이었다. 이는 전에도 정당하지 않은 비난이었지만 현재와 같은 외부적 충격 하에서는 전혀 근거 없는 기우에 불과하다. 금융시장이 국가 부채의 지속가능성을 평가하는 상황에서는 유럽연합 집행위원회가 각국 정부의 예산 가이드라인을 완화시키는 것만으로는 충분치 않다는 것을 강조해야 한다. 의미 있는 곳에 돈을 투입해야 할 때가 온 것이다. 즉 재정 상태가 더 탄탄한 국가가 더 취약한 국가나 더 큰 타격을 받은 국가를 돕는 예산에 돈을 투입해야 한다. 유럽연합이 공동으로 금융 위기에 대처하는 것이 그런 노력의 일환이 될 수 있다. 팬데믹이 아직 진행 중이므로 최종적으로 얼마큼의 돈이 필요할지 알 수 없지만, 유로존 국가 정부들이 단일대오를 형성해서 필요한 만큼 돈을 쓰겠다고 선언한다면 엄청난 효과를 거둘 것이다.

세계 석학들이 내다본
코로나 경제 전쟁

초판 1쇄 발행 2020년 4월 10일
16쇄 발행 2020년 5월 11일

엮은이 리처드 볼드윈, 베아트리스 베더 디 마우로
펴낸이 서정희 **펴낸곳** 매경출판㈜
옮긴이 이현경, 이현주, 신지현, 이미숙 외
감　수 강영철, 서정희, 노영우, 이근우
책임편집 고원상, 권병규
마케팅 신영병, 김형진, 이진희

매경출판㈜
등　록 2003년 4월 24일(No. 2-3759)
주　소 (04557) 서울시 중구 충무로 2 (필동1가) 매일경제 별관 2층 매경출판㈜
홈페이지 www.mkbook.co.kr
전　회 02)2000-2632(기획편집) 02)2000-2636(마케팅) 02)2000-2606(구입 문의)
팩　스 02)2000-2609 **이메일** publish@mk.co.kr
인쇄·제본 ㈜M-print 031)8071-0961

ISBN 979-11-6484-109-7(03320)